电商消贫

贫困地区发展的中国新模式

汪向东　高红冰◎主编

ERADICATION OF POVERTY BY E-BUSINESS

The New Chinese Model of Development in Impoverished Area

商务印书馆
The Commercial Press

2016年·北京

图书在版编目（CIP）数据

电商消贫 / 汪向东，高红冰主编. — 北京：商务印书馆，2016
ISBN 978-7-100-12239-9

Ⅰ. ①电… Ⅱ. ①汪… ②高… Ⅲ. ①电子商务—研究—中国 Ⅳ. ①F724.6

中国版本图书馆CIP数据核字（2016）第099486号

所有权利保留。
未经许可，不得以任何方式使用。

电商消贫
贫困地区发展的中国新模式
汪向东　高红冰　主编

商 务 印 书 馆 出 版
（北京王府井大街36号　邮政编码 100710）
商 务 印 书 馆 发 行
北京市艺辉印刷有限公司印刷
ISBN 978-7-100-12239-9

2016年7月第1版　　　开本 787×1092　1/16
2016年7月北京第1次印刷　印张 14¾
定价：49.00元

我们将会看到新的市场拓展方式：市场更加开放，人类更加自由地互联互通。我认为，新经济将会促进整合，而非促进主导。

所以，谁将会主导新经济？这是一个非常重要的问题。从历史角度来说，答案似乎应该是没有人会主导，或者每个人都可以主导。

——〔美〕伊恩·莫里斯
斯坦福大学历史学教授

策　　划：阿里研究院

编 委 会

主　　编：汪向东、高红冰

执行主编：张瑞东

编　　委（按姓氏笔画排列）：

王俊秀、方建生、师曾志、曲天军、刘　昶、张新红、张　稷、陈　亮

作　　者（按姓氏笔画排列）：

马克秀、井然哲、曲天军、刘文奎、刘敬文、刘　鹰、汤　敏、苏宁企业研究院、李　孜、李逢春、邱学明、汪向东、张瑞东、金建杭、胡晓云、姜汝祥、姚中秋、高红冰、蔡德全、魏延安

目录 CONTENTS

序 言

再造中国新乡村 / 金建杭　1

电商进村与扶贫攻坚 / 汪向东　5

第一部分　观察篇

"互联网+扶贫"解读 / 井然哲　3

电商扶贫是什么，为什么，怎么看，怎么办 / 汪向东　9

"互联网+"铺就脱贫致富路 / 曲天军　32

电子商务开辟消除贫困新路径 / 张瑞东　38

电商扶贫与民生工作的新突破 / 魏延安　51

电商消贫的经济学测算 / 刘鹰　61

拥抱粉丝经济：不发达地区如何"弯道取直" / 姜汝祥　69

网络经济与村镇化大势 / 姚中秋　74

谈谈丁楼村的新型社会结构 / 马克秀　82

第二部分　服务篇

电商扶贫的"15字诀" / 汪向东　91

做好政府服务，发力电商扶贫 / 李逢春　96

电商扶贫，NGO 大有可为 / 汤敏　101

用合作社破解电商扶贫"瓶颈" / 刘文奎　105

电商平台扶贫的基因分析与发展愿景 / 魏延安　111

阿里巴巴的电商消贫实践和成果 / 张瑞东　116

苏宁电商扶贫的"四个当地" / 苏宁企业研究院　140

以品牌为核心，实现协同消贫 / 胡晓云　147

维吉达尼的故事：新疆社群电商精准扶贫实践 / 刘敬文　153

第三部分　实践篇

云南元阳：农旅结合的电商扶贫探索 / 井然哲　165

新疆阿克苏：电商援疆，启智先行 / 蔡德全　179

河南光山："电商＋扶贫"模式的积极探索 / 邱学明　188

印尼巴厘岛：文化自信引领下的社区文化教育与
　　　　　互联网创新减贫 / 李玫　194

新农人：农村转型与电商扶贫的主力军 / 汪向东　204

后　记　211

△ 序言
PREFACE

再造中国新乡村

　　县级行政单位是国家治理的关键。它们上承省市，下接乡镇，是宏观与微观的接合部、理论与实践的结合点，是上情下达与下情上传的枢纽，是政权的基础。未来五年，随着中国经济和社会发展各个方面的改革进入全面的"深水区"，中国的县长也将面临历史上最严峻的挑战。中央已经确立了 2020 年全面消除极端贫困的战略目标，因此，在这五年里，县级行政组织，既要不折不扣地完成中央任务，还要解决新的历史时期农村全面发展的问题，即贯彻"创新、协调、绿色、开放、共享"的发展理念。近三年，随着互联网经济的发展，农村电商在扶贫减困过程中屡屡创造奇迹，使得农村电商成为不少县级经济工作的关注重点和主要抓手。

电商消贫
Eradication of Poverty by E-business

近几年，县域工作的生态发生了很大变化。互联网原住民"90 后"和"00 后"已占成年人口的相当比例，他们的生活理念是全新的。与此同时，县级官员在发展电商经济的过程中，实际上服务对象的群体规模与从前相比也发生了很大的变化。互联网把任何一个偏僻的乡村与全国乃至全球的大市场连接了起来。这不能不说是一个全新的课题。

电商成为消贫新模式

近年"农村淘宝"①发展迅猛，年销售额过千万的"淘宝村"②不断增多。2015 年，全国"淘宝村"数量达 780 个，交易额超过 280 亿元。③

江苏省睢宁县沙集镇东风村，过去是一个贫困村，像所有的贫困村一样，留不住年轻人。故事缘起于村里在外闯荡几年的一个小伙子，他成功过也失败过，最后选择了回家乡做电商。他发起的家具规模化生产和网络销售迅速扩展，带动了整个村、整个镇、整个县经济的发展。睢宁

---

① "农村淘宝"是阿里巴巴集团的战略项目，即以 O2O 的方式，在县城建立县级运营中心，在乡村建立村级服务站，构筑"县—村"两级的农村电子商务服务体系，一方面打通"消费品下乡"的信息流和物流通道；另一方面探索"农产品上行"渠道，最终形成面向农民的互联网生态服务中心。阿里巴巴以"服务农民，创新农业，让农村变得更美好"为主要目标，计划在三至五年内投资 100 亿元，建立 1000 个县级运营中心和 10 万个村级服务站。截至 2015 年 12 月底，"农村淘宝"已经在 25 个省份 269 个县落地，其中包括 62 个国家级贫困县和 73 个省级贫困县，建立起了 12000 多个村级服务站。
② 根据阿里研究院的定义，"淘宝村"就是大量网商在农村聚集，以淘宝为主要交易平台，形成规模效应和协同效应的电子商务生态现象。"淘宝村"的主要判定标准是网商数量达到当地家庭户数的 10% 以上，且电子商务交易规模达到 1000 万元以上。
③ 2015 年 12 月 24 日，在"第三届中国淘宝村高峰论坛"上，阿里研究院发布的《2015 年中国淘宝村研究报告》显示，全国"淘宝村"从 2009 年的 3 个，到 2015 年已发展至 780 个，分布于 17 个省份。

县从 2006 年白手起家至 2015 年，网上累计销售总额高达 75 亿元。

浙江省松阳县盛产柿子。2015 年 12 月 24 日"第三届中国淘宝村高峰论坛"上，经济学家周其仁分享了一张照片，照片里是松阳县的一片民居，其间的几棵大柿子树上挂满了红彤彤的秋柿，非常漂亮。成片的柿子熟了为什么没有人采摘？村民说，电子商务兴起之初，这个村的村民纷纷上网销售柿饼。就这样，村子漫山遍野挂满红彤彤秋柿的美丽景色为外界知晓，吸引了众多的观光客。于是，村里人不再采收这些柿子，而是转而为络绎不绝的游客做起了观光、餐饮、住宿、交通等服务，收入比卖柿饼多了好几倍。

县级行政单位发展本地经济，通常首先要找到自己的优势所在。但是，东风村有优势吗？松阳的柿子村有优势吗？是互联网使他们打破了县界、省界和国界，连接了广域大市场，这一切变化才成为可能。

是的，没有一个时代像今天这样：任何一个偏僻的地区，任何一个微小的个人，任何一种天然的禀赋，都可以自由地拥抱最广阔的大市场。

县域经济发展的三点建议

对搞好县域电子商务以及电商扶贫工作，我有以下三点建议。

第一，切换管理模式。马云曾归纳过两种模式：成功模式和失败模式。农村电商，必须避免"看不见、看不懂、看不起、学不会、跟不上"的失败模式，启动"看得见、看得起、看得懂、学得会、跟得上"的成功模式。在这个过程中，最需要强调的是学习能力，正如从农业社会进入工业社会，只懂得二十四节气做不成一个好工人；同理，由工业社会进入信息社会，更要主动学习新知识、掌握新技能，否则将很快被时代淘汰。

第二，搞好新商业基础设施。以前招商引资，地方只要出台各种优惠政策，就有机会吸引商人和资本。但是今天的投资者可能首先关注的是当地的网络通信设施以及电子商务、互联网金融和智慧物流等新商业基础设施，甚至会把当地年轻人使用互联网的基本状况和当地在线数据处理能力等作为投资与否的重要参考因素。

第三，珍惜创业人才。一个好的环境，可以让年轻人和创业者不断地演变、成长为一个个杰出的企业家。这样的企业家对当地经济的带动意义非常之大。在这方面则要做到宽容试错，明智取舍，贴心服务。

年轻人把根扎下之日，将是本地经济焕发奇迹之时。

（金建杭，阿里巴巴集团总裁）

电商进村与扶贫攻坚

阿里研究院策划《电商消贫》一书，邀我作序。想到 2015 年 7 月末，我在江西省政府和阿里巴巴集团联合举办的"互联网+革命老区农村电子商务发展峰会"上有一个演讲，讨论的内容恰好符合。所以不揣冒昧，稍作修改，权作代序于此。

今天，围绕"电商进村助力扶贫攻坚"的主题，重点讨论五个观点。

一、电商进村助扶贫，是重大的政策创新

前面，我们听了财政部、商务部的主管领导关于电子商务进农村及其助力扶贫的重要讲话，分享了宁都、于都两县的典型案例。在我看来，电商进村助扶贫，是重大的政策创新。

首先，从电商角度来看，今天我们所讲的电商扶贫，相对于前些年的

电商消贫
Eradication of Poverty by E-business

电商实践来说，改变了电子商务发生的场景，即电商扶贫是要在扶贫攻坚的主战场，在贫困县、贫困村，围绕贫困主体开展电子商务。它是我国电商主流化发展到今天出现的新事物。另一方面，从扶贫的角度来看，较之过去在多年扶贫工作中采用过的许多方式，今天以电子商务扶贫是新的扶贫方式，符合国家提出的"创新扶贫方式"的要求。

其次，在商务部、财政部联合推进的电子商务进农村的部署中，我们很高兴地看到，此次财政扶持政策特意把电子商务进农村跟扶贫结合起来。这种结合是"互联网+"背景下重大的政策创新，明确体现了中央政府希望以电商进村助力扶贫的政策意图，选取的电子商务进农村示范县，来自贫困地区和革命老区的县的占比，分别达到44%和77%。应该向商务部、财政部表示崇高的敬意。

再有，电商进村助扶贫，也是电商平台的政策创新。比如，作为一个第三方平台，阿里过去的策略一直是强调对所有用户要一视同仁，政策取向是中立的，一碗水端平。但是，自2014年以来，我们看到，随着"村淘计划"①的推出，它改变了。它把平台服务的用户做了区隔，对不同的用户采取不同的政策、调配和投入不同的资源。针对农村这样的特殊市场制定专门政策，其中包括占较大比例的贫困县和贫困村，换句话说，阿里从过去一视同仁的平台政策转向一种有区别、有倾斜的政策，这种改变与他们过去所做的短期性的"聚蕉行动"②和"聚果行动"③不同，

---

① 村淘计划，即2014年10月阿里巴巴发布的"农村淘宝"项目，计划在未来三到五年，在全国1000个县10万个行政村建立起农村电子商务服务体系。
② 聚蕉行动，即2011年7月由阿里巴巴聚划算平台发起的海南香蕉的团购活动，以解决海南蕉农的"卖难"问题。
③ 聚果行动，即2012年11月由阿里巴巴聚划算平台发起的陕西武功苹果的团购活动，以解决当地苹果严重滞销的问题。

序　言

是基本策略上的转向。我认为，这样一个重大转变非常有意义，它意味着以阿里为代表的电商平台企业，开始把自己的经营与国家的目标、企业的社会责任结合起来。

还应该指出，我们正在开展的电商进村与扶贫相结合的探索，具有明显的时代性和国际性。世界上那么多发展中国家要实现联合国千年发展目标[1]，中国如果能够利用"互联网+"时代的赋能，利用我们在电商领域拥有的相对优势，通过电商进村，探索出扶贫的成功道路，将是对全人类减贫事业的伟大贡献。我相信我们有希望去创造这样的国际经验。

二、电商进村与扶贫结合带来新挑战

电商进村助扶贫，会带来不少新的挑战。其中，一个重要的挑战，就是机制的挑战。

这里存在着不同的主体和不同的逻辑。第一类是市场逻辑，市场的逻辑是强调资源的优化配置和效率，强调利益用市场化的方式来补偿，强调增加利润；第二类是公益逻辑，公益的逻辑强调的是良知、善举，强调公民和企业的社会责任与担当；第三类是政府逻辑，政府的逻辑是按照执政目标的要求，强调通过财政转移支付[2]的方式，解决贫富差距的问题。这三种逻辑当然有交集，需要结合，但有时又会出现矛盾。反映在电商

---

[1] 联合国千年发展目标是联合国成员国一致通过的2015年之前将全球贫困水平降低一半（以1990年的水平为标准）的行动计划。2000年9月，联合国首脑会议上189个国家签署《联合国千年宣言》，正式作出此项承诺。

[2] 财政转移支付是以各级政府之间所存在的财政能力差异为基础，以实现各地基本公共服务水平均等化为主旨而实行的一种财政资金转移或财政平衡制度。

进村、电商扶贫上，你不能够期望企业用政府的方式行事，企业可以做公益，需要承担相应的社会责任，但不能就因此要求企业放弃市场逻辑、牺牲市场效率。这样的矛盾，正是这个领域创新的机会。

我去国家级电商扶贫试点甘肃省陇南市调研过，后又在赣南调研，去了瑞金、兴国，再次去江西的宁都、于都。电商进村与扶贫的结合虽然刚刚破题，但已经让人们看到不少新的探索。这里就包括赣州的探索，于都、宁都、瑞金、兴国、延安的探索，其他很多贫困地区、中西部地区和革命老区的探索。这些探索将为破解电商与扶贫结合中的新挑战提供更多的经验和启示，让我们未来电商扶贫的路走得更顺畅。

三、应对挑战需要明确几个原则

我觉得应对电商扶贫带来的新挑战，以下几个原则是很重要的。

第一，检验电商扶贫的成败得失，只有一个最终的衡量标准，那就是看能不能和能在多大程度上让贫困主体通过电子商务获得实实在在的帮助，脱贫致富。所以，我们的电商扶贫要明确实效导向的原则，我建议，怎么做能够最好地实现最终的效果导向，就怎么做。拿电商扶贫的产业依托来说，我们去很多地方调研，都会听到不少人在问，能不能把当地的农产品卖出去。其实，电商扶贫需要开拓思路，就像两部委主张的，要"一、二、三产业融合发展"，"接二（产）连三（产），不拘一（产）格"。

第二，无论是电商扶贫还是电商进村，政府都不可能包打天下。政府要打造少量的亮点并不难，难在"成规模、可持续、见实效"。首先，要真正解决农村电商扶贫的问题，就必须有足够大的规模覆盖；然后，在成规模的基础上，还得实现可持续发展，并见到实效。为此，一定要基于市场，找到市场化的投入补偿方式。否则，很难"成规模、可持续、见实效"。

第三，电商扶贫、电商进村，要符合电子商务的规律。前面所讲电商场景的变化，改变了条件和难度，并不会改变电商的一般规律。这个规律体现在扶贫上，就是要改变长期以来单一资源驱动的思路为"双轮"驱动（即资源驱动+市场驱动）的思路。所谓资源驱动，简单地说就是"有什么，卖什么"；所谓市场驱动，就是市场"要什么，卖什么"。其实，电商扶贫的精髓就在于市场驱动，而不是资源驱动。现在的"淘宝村"大致1/3以上是通过电子商务实现了产业创生，好多地方就是电子商务让村民对接了广域大市场，在大市场上找到了需求，在当地从无到有地创生出新的产业依托。以沙集模式为例，电商创生的家具网销产业链2014年使全镇电商年销售额达到26亿，不仅很好地实现了草根主体的脱贫致富，而且推动和实现了当地产业结构的升级。这正是电商扶贫带来的新能力。过去，贫困村受限于线下的传统交易方式，只能在本地市场非常狭小的范围内打转转，这很大程度上限制了扶贫的效果。现在，电商改变的最重要的一件事，就是让贫困地区和贫困主体具备了对接广域大市场的能力，使他们有机会在与大市场的对接中，摆脱单纯农产品附加价值有限的制约，找到新的需求和资源，找到更大的赢利空间，从而拓宽脱贫致富门路，形成新的供给，让脱贫之路走得更加宽广。所以，就电商扶贫来说，把握电商市场驱动的规律至关重要。

第四，要持之以恒。我们毕竟是在贫困地区做电子商务，条件相对更差，挑战更多，难度更大。因此，切忌急功近利。欲速则不达，甚至可能导致动作变形。我们一定要按照市场规律和扶贫规律扎扎实实去做。

第五，机制创新是必然要求。现在已有政府、电商平台、服务商、网商、社团等不同的主体，参与到电商进村和电商扶贫中来，谁都不可替代。

既然多主体参与同一件事，多种不同的逻辑在其中发挥作用，那么，主体之间互动合作的机制就变得非常重要。既然这是新事物，机制创新就是必然的要求。

四、电商进村助扶贫仍需更多政策配套

电商进村助扶贫的总目标很明确，就是脱贫致富，全面建成小康社会。电商扶贫细化的分目标包括：1. 交易实惠，即通过电商进村，让贫困农户买得到、买得对、买得省，让产品卖得掉、卖得好、卖得久；2. 产业升级，即促进贫困地区的产业转型升级，优化贫困地区脱贫的产业基础；3. 能力建设，尤其是通过培训，增强贫困群众及其组织创业就业和脱贫致富的能力；4. 基础设施改善和社会发展。为了完成这些分目标，电商扶贫有五个方面的任务，我把它概括为"15字诀"，即"拓通道、建支点、育网军、强体系、优环境"。要完成这些目标和任务，特别需要各部委推进电商进村助扶贫相关政策的创新。同时，也还需要更多的政策配套，比方说，相关的基础设施优惠政策。贫困村产业生态的改善也需要假以时日，需要更多的政策配合。

除了政府的政策，还需要更多社会主体和市场主体来参与，大家一起把好事情做好。

五、机制创新要落在"双引擎"上

机制创新怎么做？我觉得要落在"双引擎"上。

第一，机制创新的检验标准，要看这一机制最后是否有利于激发"大

众创业、万众创新"①的活力，是否有利于增加公共产品与公共服务。"双众创"和"双公共"，就是引领经济新常态的"双引擎"。简单说，检验机制创新成功与否，要看是否有利于打造"双引擎"。

第二，机制创新离不开广大市场主体的广泛参与和全程参与。机制创新不是闭门造车，而是要在电商进村助扶贫的实践中，在多主体之间的互动中，通过广泛参与和全程参与，找到最好的机制。

第三，电商进村与扶贫的机制创新尤其离不开平台。为什么？这是电商规律的要求。今天讲电子商务，谁都不能忽视平台经济的客观存在。在机制创新中，政府以及其他主体如何与平台共同构建新的机制，把平台的作用发挥好，是非常重要的。

第四，构建面向效果的本地化服务体系，它是机制创新的重要内容和载体。本地化的、市场化的或者基于市场的服务体系，对于实现电商进村、电商扶贫的目标，真的非常重要。农村电商扶贫绝不是帮助贫困农民上网开店卖产品那么简单，须知好产品不等于好网货，尤其是原生态的农产品不一定都适合在网上销售，它们有一个网货化的过程；好网货不等于好网销，在线销售有其特殊的规律和技能要求；好网销不等于好体验，产品在卖家手上是好的，不一定到了买家手上还是好的，产业链上，有时细节可以决定最终效果。本地化的产业链、供应链，通常又是贫困农村的一大短板，电商扶贫要想获得理想的效果，就需要通过机制创新，着力构建落在当地、基于市场、为开展电商扶贫提供有力支撑的服务体系。

第五，动态的、可调整的机制设计远胜于"工程"设计。在我看来，

---

① "大众创业、万众创新"，简称"双创"、"双众创"，作为我国宏观经济政策的诉求被正式提出，最早见于李克强总理 2015 年《政府工作报告》，目的是通过鼓励开展群众性的创业创新，为经济发展增加新的动能。

电商消贫
Eradication of Poverty by E-business

机制设计是顶层设计最重要的内容。电商进村、电商扶贫，有太多不确定的因素，未来的变化难以预测。特别是电商导入期的规划，一定是个且行且调整的过程。许多时候，你觉得把事情都看清楚了，白纸黑字在规划中设计做很多个工程，结果很可能是刻舟求剑。我的观点是，与其做"工程"设计，不如做好机制设计。

最后，考虑到很多老区的电子商务还处在导入期，我想用下面几句话作为结束语：电商导入期，且行且调整。"模式"是浮云，实效为根本。

（汪向东，中国社会科学院信息化研究中心主任）

第一部分
观察篇

ERADICATION OF POVERTY
BY E-BUSINESS

济贫助困是中华民族的优良传统。1949年以后，我国就开始对贫困人口进行有针对性的帮扶，扶贫的理念在实践中不断演进、提升，从救济式帮扶到产业式开发，再到信息化赋能。"电商消贫"正是新世纪以来出现的全新减贫扶贫方式。一边是信息时代全新的基础设施、商业模式和思维方式，一边是全面消除贫困的目标和共同富裕的愿景，二者的融合为我国2020年全面完成消除贫困的目标提供了坚实的基础，从"扶贫"到"消贫"的一字之差也体现出我国实现全民共同富裕的决心和信心。

　　"观察篇"集合了近年来各路学者和扶贫实践者们对于电商消贫（或电商扶贫）的认知和思考。本部分将从电商消贫（或电商扶贫）的概念展开，探讨其内涵和外延、机制和机理，以及消贫（扶贫）主客体之间、各类主体之间的关系。也会探讨电商消贫与传统扶贫体系的区别，及其在扶贫攻坚中所发挥的作用。同时，本部分还将从社会学、文化学和经济学的角度，对电商消贫和农村电子商务的发展进行全方位的思考。

"互联网＋扶贫"解读

2015年10月17日是国家第2个扶贫日、国际第23个消除贫困日。10月16日上午10时，2015减贫与发展高层论坛在北京人民大会堂举行，习近平主席出席大会并发表了题为《携手消除贫困 促进共同发展》的主旨演讲，阐述中国政府在全面建成小康社会进程中全面推进扶贫攻坚的举措。笔者受邀参加了16日下午举行的"国际发展议程与精准扶贫"高级别会议，作为点评专家，对参加"电商扶贫与机制创新"、"电商扶贫与大众创业"两个环节讨论的9名嘉宾——包括陇南市、赣州市、光山县等地领导，大学生村官，知名电商企业代表等——的主题演讲进行了点评。此次论坛还向全社会发起《"互联网＋扶贫"联合行动倡议书》，倡导全社会关注扶贫，以实际行动推动互联网与扶贫工作的深度融合，开创可持续性的扶贫新模式，为更多贫困地区的人们提供借助互联网实现脱贫致富的机会。

什么是互联网＋扶贫？为什么要进行互联网＋扶贫模式的探索？互联网＋扶贫应该如何做？在这里，笔者作一简单解读。

电商消贫
Eradication of Poverty by E-business

互联网+扶贫,就是把"互联网+"纳入到扶贫工作体系中,将互联网手段、互联网思维融合进扶贫工作中,涉及科技、经济、社会和管理的方方面面。可以说,互联网+扶贫是一种运用新思维、新技术、新平台的做法,探索得当,就可能打造出新的扶贫生态系统。

为什么要进行互联网+扶贫模式的探索?因为当今社会已处在互联网时代。

2015年"两会"期间,李克强总理描述了国家"互联网+"战略:国家要制定"互联网+"行动计划,推动移动互联网、云计算、大数据、物联网等与现代制造业结合,促进电子商务、工业互联网和互联网金融健康发展,引导互联网企业拓展国际市场。

2015年7月,经李克强总理签批,国务院印发《关于积极推进"互联网+"行动的指导意见》。这是推动互联网由消费领域向生产领域拓展,加速提升产业发展水平,增强各行业创新能力,构筑经济社会发展新优势和新动能的重要举措。

近来,从顶层设计层面制定的国家"互联网+"发展战略不断涌现,互联网+创业创新、互联网+协同制造、互联网+现代农业、互联网+智慧能源、互联网+普惠金融、互联网+益民服务、互联网+高效物流、互联网+电子商务、互联网+便捷交通、互联网+绿色生态、互联网+人工智能、互联网+教育、互联网+工业4.0……,一时间各种"互联网+"风起云涌。

"互联网+"已经影响和改造了多个行业,当前大众耳熟能详的电子商务、互联网金融、在线旅游、在线影视、在线教育等行业都是"互联网+"的杰作。这样的"互联网+"的例子已不是什么新鲜事物,比如,传统集市+互联网有了淘宝,传统百货卖场+互联网有了京东,传统银行+互联网有了支付宝,传统交通+互联网有了快的、滴滴。由此,我们说"互联网+"不是简单的和的关系，这种"+"能够发生高效的化学反应。

互联网具有打破信息不对称、降低交易成本、促进专业化分工和提升劳动生产率的特点，为经济转型升级提供了重要机遇。传统行业也通过"+互联网"，谋求新的发展。

事实上，"互联网+"不仅正在被全面应用到第三产业，形成了诸如互联网金融、互联网交通、互联网医疗、互联网教育等新生态，而且正在向第一和第二产业渗透。工业互联网正在从消费品工业向装备制造和能源、新材料等工业领域渗透，全面推动传统工业生产方式的转变；农业互联网也在从电子商务等网络销售环节向生产领域渗透，为农业带来新的机遇，提供广阔发展空间。

在这样的互联网兴起的时代，互联网+扶贫，应运而生。

国家统计局公布的数据显示，2014年中国农村贫困人口为7017万人。国务院政府工作报告连续两年提出"1000万以上"的年度减贫目标。2015年年初，国务院扶贫办将电商扶贫工程列为精准扶贫十大工程之一。

作为互联网+扶贫的一种形式，电子商务将生产、流通以及消费带入了一个网络经济、数字化生存的新天地。它能够克服贫困地区区位"瓶颈"制约，使生产特色农产品的贫困群众与买家无缝对接，使其劳动产出更便捷、更有效地转化为实际收入。更重要的是，电子商务在帮助贫困群众创业就业的同时，让他们从骨子里有了市场意识，从而提升整个贫困地区的发展理念，帮助农民快速脱贫致富。

互联网确实在激活贫困地区沉睡的资源，通过对接互联网大市场，将贫困地区的资源转换为资产，将资产转换为资本，将资本转换为财富。我们常说，离市场越近，离贫困就越远。贫困地区错过了工业化的班车，再也不能错过信息化的高速列车，这趟高速列车能够更加快捷高效地让贫困地区对接市场，

电商消贫
Eradication of Poverty by E-business

让现实中的远隔千山万水，变成网络上的近在咫尺。

那么，互联网+扶贫应该如何做呢？

笔者认为，互联网+扶贫有以下关键点和重要方面可以发力。

首先是建立运行机制。在贫困地区的省、市、县、乡、村五级成立互联网+扶贫领导机构和工作机构，五级联动，强力推动互联网+扶贫。我们说，扶贫是"一把手工程"，一把手重视非常关键，一把手亲自抓谋划、抓统筹、抓推动，是实现精准扶贫、精准脱贫的关键。我们知道习近平总书记花精力最多的也是扶贫。2015年获"中国消除贫困奖"之一"消除贫困创新奖"的甘肃省陇南市，就是在一把手重视下政府推动电商扶贫的典范。

其次是服务体系建设。为贫困群众提供硬件支撑和技术支持，积极探索互联网+扶贫模式，推动贫困群众搭上信息化"列车"。在服务体系建设方面，对于政府来说，重要的是营造环境，完善公共服务。政府要注重规划引领、政策扶持、精准服务、创新驱动。对于参与贫困地区扶贫的电商平台和大众创业企业来说，要注重练好内功，打造明星企业，履行社会责任，发挥示范带动作用。通过政企联动，协同攻坚，共同打造互联网+扶贫生态圈。2015年9月25日，苏宁云商和国务院扶贫办签署了"全国农村电商扶贫战略合作框架协议"，双方将在"电商扶贫双百示范工程"、电商扶贫O2O（Online to Offline，线上到线下）展销专区、农村电商人才培养等方面展开合作。以元阳县梯田红米为例，苏宁易购上线"红河馆"不仅解决了红米的销路难题，还给当地带去了电商运营能力，给予品牌培育、商品规划、营销策划等扶持内容，从生产、销售、物流到推广，全流程因地制宜实现了互联网+扶贫。

然后是物流等相关支撑体系建设。包括加快贫困地区交通建设步伐，扶持物流企业在贫困乡村设立快递代办点，鼓励发展面向乡村的"草根物流"，降低物流运营成本等内容。目前，以阿里巴巴、苏宁、京东为代表的中国电商企业借助市场的力量，推动"工业品下乡、农产品进城"双向流通，通过网上交易量的增加，倒逼物流业进农村谋发展。在拓展农村市场的同时，带动了"大众创业、万众创新"，助推了"互联网+"在精准扶贫方面的精准发力。

最后是加强人才培育。要积极引进相关人才，同时有针对性地开展培训，使互联网+扶贫体系有充足的人才保障。究竟如何培育扎根贫困地区的大众创业人才？我觉着应该不拘一格。现在出现了一大批互联网和电商驱动的"新农人"，包括大学生村官、大学生返乡创业青年、本地创业青年等。草根创新创业已经成为贫困地区借助"互联网+"促进经济发展的内生新动力。这方面，地方政府部门正在做出努力尝试。比如，贵州省铜仁市当地政府将吸引人才返乡创业的"雁归工程"①与当地电商企业的人才需求对接，引入人才返乡创业，电商企业也在县级服务点进行定期业务培训，为当地就业人员建立交流圈子，形成良性互动。这也给由"输血扶贫"到"造血扶贫"的转变创造了人才条件。

推进扶贫开发是党的十八届五中全会确定的"十三五"规划的十个目标任务之一。到2020年全面建成小康社会，是中国共产党确定的"两个一百年"奋斗目标的第一个百年奋斗目标。"十三五"时期是全面建成小康社会的决定性阶段。扶贫开发，作为全面建成小康社会最繁重的工作，习近平总书记

---

① "雁归工程"是贵州省铜仁市为了满足铜仁现实发展的需要而实施的一项旨在引导和扶持铜仁籍在外人员返铜创业就业，从而助推经济社会又好又快发展的重大工程。2014年9月12日，中共铜仁市委、市政府正式出台《铜仁市雁归工程实施方案》，要求在2014年至2017年，全市每年新增"雁归人员"创业就业3.5万人以上；新增创办各类企业和个体工商户5000户以上；新增返铜创业就业的各类专业技术人才、企业经营管理人才和技能人才3000人以上，其中，高层次人才120人以上；新增建成"雁归人员"创业孵化基地和创业园区各10个以上。

要求各地采取超常举措，拿出过硬办法，用一套政策组合拳，确保在既定时间节点打赢扶贫开发攻坚战。

互联网＋扶贫才刚刚起步，特别是在西部贫困山区、革命老区，从基础设施完善到大家观念认识转变有个过程。希望这条路能越走越宽，为精准扶贫、精准脱贫，为2020年我国全面实现小康做出贡献。

（井然哲，上海财经大学信息管理与工程学院副教授、阿里"活水计划"研究学者）

电商扶贫是什么，为什么，怎么看，怎么办

在我国主流的扶贫理论、政策与工作体系中，过去一直没有电子商务的一席之地。2011年2月，我和学生张才明合作，发表《互联网时代我国农村减贫扶贫新思路——"沙集模式"的启示》一文[①]，建议将电子商务纳入"十二五"扶贫规划以及此后的扶贫政策与工作体系中。

近年，我国电子商务发展更是突飞猛进，电商主流化趋势日益明显，作用今非昔比。随着电子商务多方面战略意义凸显，以电商助力扶贫的条件也更加成熟。本文重点讨论电商扶贫是什么、为什么、怎么看、怎么办四个问题，求教各方专家和对电商扶贫感兴趣的朋友们。

---

① 汪向东、张才明：《互联网时代我国农村减贫扶贫新思路——"沙集模式"的启示》，《信息化建设》2011年第2期。

一、电商扶贫，是什么

在我看来，电商扶贫即电子商务扶贫开发，就是将今天互联网时代日益主流化的电子商务纳入扶贫开发工作体系，作用于帮扶对象，创新扶贫开发方式，改进扶贫开发绩效的理念与实践。电商扶贫，这里更多与开发式扶贫相关，救济式扶贫则不在我们讨论的主要范围之内。

与之相关，另一个概念是电商减贫。二者相比，电商减贫概念更宽一些，不仅包括各类扶贫主体以电子商务去帮扶扶贫对象，还包括贫困主体主动以电子商务活动纾解乃至摆脱贫困状态的理念与实践。在二者的联系上，应特别关注以各种方式启发贫困户电商减贫内在需求的扶贫活动。

简单地把电商扶贫归为产业扶贫，或理解为通过产业开发实行的专项扶贫，是不够全面的。电子商务不仅仅是产业发展问题，相应地，电商扶贫的内容也广泛得多。按《中国农村扶贫开发纲要（2011—2020年）》从专项扶贫、行业扶贫、社会扶贫"三位一体"工作格局的分析框架来看，也是如此。

专项扶贫：电商扶贫既可用于一业、一地、一事，又可同时用于或辐射到多业、多地、多事。电商扶贫有时可以是产业扶贫的专项，却又往往不能用产业扶贫专项的边界去框定它。那种"养鸡的扶贫款不能用来养羊"的产业专项扶贫的陈规，尤其不能用于电商扶贫。想通过电商帮扶贫困户，就更要敬畏市场，更要跟着用户需求而不是扶贫主体的良好意愿走。有时，根据市场用户的需要，进行自我否定和快速调整是必需的。

行业扶贫：电子商务涉及面广，电商扶贫也应该纳入各行业部门扶贫的内容，明确部门职责，条块联动发展和优化特色产业依托，从科技、教育、文化等方面开展电商扶贫，完善电商基础设施，改进对电商的公共服务与管理，完善电商从业者的社会保障，助力实现资源与生态环境目标。

社会扶贫：电子商务目前已经覆盖我国半数网民和企业，电商扶贫也无疑需要社会各类主体的广泛参与。电商扶贫不仅可以而且应该与定点扶贫、东西部扶贫协作，和各界各主体的扶贫开发活动尽可能地结合起来，体现在帮扶对象和帮扶效果上。

电商扶贫的主要形式，大致有以下三种。

一是直接到户，即通过教育培训、资源投入、市场对接、政策支持、提供服务等方式，帮助贫困户直接以电子商务交易实现增收，达到减贫脱贫效果。其中，最典型的方式就是帮助贫困户在电子商务交易平台上开办网店，让他们直接变身为网商。例如，2014年以来，甘肃、广东等地扶贫办组织的电商扶贫培训，中石化在安徽岳西县职教中心、河南慧谷电商学院和济南绿星农村电商培训中心等组织的培训，都特别把贫困户、"两后生"[①]、残障人士等帮扶对象和精准扶贫对象作为培训重点，帮他们掌握电商知识，乃至手把手教他们开办自己的网店，并提供后续服务。

二是参与产业链，即通过当地从事电子商务经营的龙头企业、网商经纪人、能人、大户、专业协会与地方电商交易平台等，构建起面向电子商务的产业链，帮助和吸引贫困户参与进来，使其实现完全或不完全就业，从而达到减贫脱贫效果。我与梁春晓合著的《"新三农"与电子商务》一书中，列举了许多此类案例，从赵海伶、杜千里、孟宏伟到世纪之村、中闽弘泰，从潘东明领衔的遂昌网店协会到吕振鸿创办的"北山狼"，他们不仅带动了一方经济发展，也帮助众多乡亲，包括贫困人群增加了收入。[②] 当地政府支持

[①] 指初、高中毕业未能继续升学的贫困家庭中的富余劳动力。
[②] 汪向东、梁春晓：《"新三农"与电子商务》，中国农业科学技术出版社2014年版。

他们，在某种意义上，也是在支持电商扶贫。

三是分享溢出效应，即电商规模化发展，在一定地域内形成良性的市场生态，当地原有的贫困户即便没有直接或间接参与电商产业链，也可以从中分享发展成果。例如，我们在沙集亲眼看到电子商务为著名的"淘宝村"——东风村带来的变化：电子商务不仅让具有劳动能力的贫困户很容易在网销产业链中找到发展机会，而且带动起新型城镇化进程；建筑、餐饮、交通、修理等一般性的服务业快速发展，也提供了大量就业和创业的机会；交通、卫生、网络、水电、照明等设施的改善，电商园区建设带来的农民住房条件的改善、公共服务的便利，惠及包括失去劳动能力的贫困户在内的所有村民，让他们分享到电子商务发展的溢出效应。

在现阶段，针对我国大多数贫困地区电子商务尚待启动的现实，电商扶贫应更多围绕上述前两种形式着力；对于第三种电商扶贫，有待当地电子商务发展到一定规模和程度后，及时列入议事日程。

二、电商扶贫，为什么

关于为什么以电商助力扶贫，是见仁见智的。在我看来，起码有以下四个理由。

1. 互联网时代为开展电商扶贫提供了新条件

当今互联网时代，减贫扶贫与此前相比一个最大的不同，就是信息网络技术和电子商务带来新的变数。用得好，人们可以通过信息化、通过电子商务助力发展，"弯道超车"或另辟蹊径，实现减贫扶贫目标；反之，面对信息化与电子商务带来的产业结构和市场格局的变化，若听之任之或应对失误，原本的富强也会中道没落，更不用说弱者会被进一步边缘化。在这个时代，数字鸿沟的加深必然拉大贫富差距。

另外，经过多年的信息化建设，电商扶贫的基本条件已经具备。今天，许多贫困地区开展电子商务的条件，已经远胜于当初不少逆境崛起的电商英雄。河南辉县第一个农村网商杜千里告诉我们，正是贫穷和爱心成为他靠一台二手电脑在淘宝上创业的原动力。那些令人赞慕的草根电商英雄并没有三头六臂，那些"淘宝村"有的原本就属贫困地区，他们在电商减贫扶贫方面能够做到、已经做到的事情，其他人、其他地方其实也能做到。加上政府、平台、服务商和社会各界对电子商务的认知度不断提高，电商扶贫的条件还会逐步优化。

2. 电商扶贫符合创新扶贫方式的迫切需要

扶贫开发需要电子商务。据英特尔中国首席企业责任官杨钟仁先生介绍，英特尔对企业社会责任（CSR，corporate social responsibility 缩写）的理解经历了三个阶段：最早是1.0版的"授人以鱼"，然后是2.0版的"授人以渔"，现在是3.0版，即要与各界伙伴跨界合作，共同"营造渔场"。他们称其为"CSR 3.0"，而在我看来，这何尝不是"扶贫3.0"啊！

在农村扶贫开发中，人们已认识到"授人以渔"的重要，多选择种植或养殖项目，开展培训、投入资源进行产业扶贫，就这一点来说没有错。可是，常态性市场波动带来的丰收"卖难"，连那些实力雄厚的种养大户、合作社都承受不起，这让产业基础本来就孱弱的贫困户怎么受得了？！生产容易增收难，市场是产业扶贫的要害。即使增产丰收，一旦"卖难"，不仅不能增加收入，甚至连产业开发的投入都可能血本无归。

电商扶贫，是产业扶贫的进一步发展，是"扶贫3.0"。扶贫不仅需要"授人以渔",让贫困户掌握"捕鱼"的本领,需要"营造渔场"使之丰饶,让贫困户有"鱼"可"渔",还要以电子商务助力沟通供求双方,解决市场对接问题,让贫困户"渔"到之"鱼"换得成钱,好"鱼"卖到好价钱。

3. 电商扶贫可有效提升信息扶贫的绩效

在信息化大背景下,我国扶贫界不是没有信息化意识。事实上,前些年也曾出现过"信息扶贫"的理念与政策。2008年,国务院扶贫办还启动过信息化扶贫工程。但是,究其实质内容,当时的信息扶贫,更多地相当于农村信息化中的"村村通",偏重于强调信息化能力建设,在老少边穷地区解决信息网络的覆盖。这种信息扶贫与电商扶贫虽有关联,但并不是一回事。即使间或有过零星的电商扶贫动作,也根本不成气候,终归沉寂。其实,电商扶贫,直到2014年以前都没被纳入我国官方主流的扶贫理论、政策和工作体系之中。

我国农村信息化的实践,再次证明了"信息化不等式"的存在,信息扶贫也一样:即使有了"村村通"的信息化能力,也不等于农民一定应用它,更不等于它可以自动带来信息脱贫致富的效果。农村信息化的关键是要让广大农民觉得有用。在现阶段,尤其是贫困地区,能不能让农民增收,是判断信息化是否有用的基本标准。为此,农村信息化就必须把可交易、可增收的电子商务放在突出位置。信息扶贫也一样,必须由强调能力建设、网络覆盖的信息扶贫,推进到强调信息应用,尤其是可交易、可增收的电商扶贫,才有希望收获信息扶贫所需的应用绩效。

4. 日益增多的实践案例证明了电商扶贫行之有效

虽然缺少政府自上而下理论政策的指导,民间自下而上的电商扶贫实践却已经开始涌动。电商扶贫的主张,从一开始就不是学者书斋里的概念推演,而是基于活生生实践的有感而发。早至2010年，我们第一次调研"沙集模式"时，就亲眼看到电子商务如何让资源匮乏、扶贫压力巨大的东风村发生脱胎换骨的变化。在那里，几乎所有具备劳动能力的贫困户，都能利用电商创业就业、脱贫致富，而且有的做得非常成功，成了年销几百万、收入几十万的老板。受此触动，也为了特意提醒读者关注到正在发生的实践，我特意为我们的论文《互联网时代我国农村减贫扶贫新思路》加了一个副标题——"沙集模式"的启示。后来，在为自己的学生周海琴指导博士论文时，还专门为她选择了《农村电子商务助力农民反贫困的机理与效果研究》作为论文题目，而她也把参与我们课题组实地调研的更多电商扶贫的案例，写进了她自己的学位论文之中。

现在，电商扶贫已有更多成功案例被发现、被重视。被评为2011年度"全球十佳网商"的刘鹏飞是"孔明灯大王"，他的订单绝大多数来自网上、来自境外，生产基地则建在家乡宁都县的田头镇、长胜镇和黄石镇。孔明灯的制作是典型的劳动密集型生产，在田头镇的工厂里调研，我发现工人多是各年龄层的妇女，其中一位老者居然已经八十高龄！有的女工一边干活，一边带孩子；更多的工人则是领走原材料，在自己家中生产，然后将劳动成果交到厂里来。在另一处的街边，我随意与一个"编外"女工攀谈，得知她在不耽误做家务的情况下，每天可制作200多个孔明灯底，每个可赚7分钱。如此算下来，她的月收入可达四五百元。鹏飞告诉我，这里的工人有1600—1700人，每年发放的工资合计在1000万元左右。

这就是前面提到的"参与产业链"式的电商扶贫案例之一。仅此孔明灯电商扶贫项目，就造福了宁都三镇近两千个家庭！这一头，是众多无法外出打工的农村妇女找到了新生计，在不误照看家庭的同时每月增加了几百元收入，乡镇经济形成了新的产业依托；那一头，是宁都县通过跨境电子商务直接对接到全球市场。我们有理由相信，随着电商主流化的推进，随着人们对电商扶贫认识的提高，以后这样的成功案例必然会越来越多。

三、电商扶贫，怎么看

电商扶贫涉及不少理论认识问题。这里，重点就以下问题分享自己的看法。

1. 电商扶贫与市场导向

不少人已正确认识到市场在产业扶贫开发中的关键作用。比如，湖南多地提出"四跟四走原则"，即"资金跟着穷人走，穷人跟着能人走，能人跟着产业走，产业跟着市场走"；陕西有的地方是另一版本，"资金跟着穷人走，穷人跟着产业走，产业跟着企业走，企业跟着市场走"，都是在强调产业扶贫开发要以市场为导向。对此，我认为应该在后面再加一句："市场跟着电商走，电商跟着用户走。"

或许有人会说，市场导向用不着区分线下线上、本地外地，特意强调线上、强调电商似乎多此一举，像那首民谣所唱："他大舅、他二舅，都是他舅；高桌子、低板凳，都是木头。"但是，大量实地调研告诉我，贫困地区的产业开发往往受限于本地市场，而这个原因往往导致贫困户脱贫致富门路狭窄，产业开发收效甚微。

电子商务可以打破局部地域市场的限制。沙集的"高桌子、低板凳"，是靠电商才畅销全国，由此惠及一方百姓，成就了远近闻名的"淘宝镇"；而刘鹏飞这个能带来跨境电商大订单的"他二舅"，跟在老家干活谋生的"他大舅"比，显然大有不同。所以，我们强调扶贫开发要以电商对接线上广域市场，并不是故弄玄虚，这确实有助于贫困地区拓宽市场视野，破除本地狭小市场的束缚。如同我在微博上所说："区域市场太局限，电商扶贫天地宽！"

此外，强调电商扶贫的市场导向还有另一层意思。在《涉农电子商务与西部大开发》中，我曾引证麦肯锡的实证研究成果，指出它揭示了这样一个道理，即"线下商业基础设施发展越是滞后的欠发达地区，电子商务激发新市场需求的作用越突出，从而，线上市场对本地经济发展的导向作用也会越大"，其实，这对于扶贫开发同样适用。在互联网时代，贫困地区的扶贫开发，如我在文中所说，"如果离开电子商务线上市场的导向，它不仅是不完整的，而且还会因此片面性丢失掉最重要的'导航'信息"[①]。因此，越是贫困地区，产业扶贫开发的市场视野越应放开，越应充分认识电子商务的市场导向作用。

2. 电商扶贫与资源整合

除了受限于本地市场，贫困地区的产业开发还经常受限于本地资源。电子商务另一大优势，就是可以突破资源的地域限制，一旦有了订单，不仅可以充分利用本地的线下资源，而且可以在更大范围内整合线上资源和外地资源，迅速形成生产能力和供货能力，在当地从无到有地形成一个由电商创生的产业群。

近年在各地调研，多次听到一些官员强调本地缺乏开展电商的资源条件，也非常理解地方上希望能依托已有的产业基础开展电商的愿望和想法。如有资源条件，如能结合已有产业基础发展电商固然很好，但我还是特别希望让他们了解，即使没有这些，也能把电子商务做得有声有色。

[①] 汪向东：《涉农电子商务与西部大开发》，2014 年 9 月 16 日，http://blog.sina.com.cn/s/blog_593adc6c0102v557.html。

电商消贫
Eradication of Poverty by E-business

受沙集原党委书记、老友黄浩之邀,我曾去他现在任职的江苏沛县调研电子商务。沛县两大产业开展电商的对比发人深思。沛县是有名的牛蒡产地,牛蒡及其系列产品的网络销售历史至少有6年之久,但当地该产业的领军企业仍直言:销售是他们发展的最大"瓶颈"。目前,该企业的网络销售占比只有10%左右。问及原因,公司总经理说,关键是"没人懂这玩意儿"。

同在沛县,另一产业的情况却令人振奋:黄霆雨和张俊杰是两家专营跆拳道用品网商的老板,两家网商的发展模式是"自有品牌+网上销售+代工制造",并且是靠远端订单从无到有实现电商创生。同为"80后"的他们,已经成就年销几百万、上千万的业绩,不仅让跆拳道用品这个当地本无优势的产品的网销规模超过了具有资源优势的牛蒡产品,而且已经把自己的网店做成了响当当的品牌,更可贵的是他们的进取心有增无减!

缺乏人才,一直是制约贫困地区开展电商和电商扶贫的主要困难之一。电子商务可跨地域整合资源的特点,为克服这一困难提供了思路。现在已有不少网商,出于各种原因,跨地域进行资源调配。比如,利用电商的特点部署异地的客服中心、研发中心和生产基地。贫困地区如能利用在外地上学的大学生资源,形成远端的电商营销系统,使之与本地的生产和供应系统对接,就可以很大程度上克服贫困地区网销人才缺乏的制约,还可以为这些大学生提供一条勤工俭学、报效家乡的途径。这是电商扶贫可以提供的又一大便利。

3. 电商扶贫与赋能草根

电子商务让草根网商可以直接对接网上广阔的大市场,拿到订单就可以大范围整合资源从事生产和供给,这就是一种典型的电商赋能。由此,草根大众可以具备此前所不曾拥有的能力,贫困户也可以因此快速脱贫致富。

2014年2月末,中国社会科学院信息化研究中心与中国扶贫基金会组成联合调研组，在浙江遂昌、缙云两县和江苏睢宁县沙集镇就电商扶贫展开专题调研。我的同事周红记述了下面几个故事。①

吴丰，遂昌湖山乡人，2006年考入嘉兴职业学院，因家贫没有完成学业，加入了打工的行列。吴丰每月的打工收入不到1000元，除了自己的必要开销所剩无几。2009年，她辞了工作，开起了网店，专营家乡湖山的土特产。由于销售的产品都是原生态食品，特别受欢迎，一年下来她就净赚了十几万。如今已经结婚生子的她，住在县城价值50多万的三居室里，一边带孩子，一边开网店，还请了两个人当助手。现在的她很知足。

给"沙集网商第一人"孙寒打工学艺的朱晓猛，现在自己开起了网店。因家具销量不断增加，朱晓猛就用赚来的钱买设备、开工厂。这样，工厂生产的家具不仅满足了自己的供货需求，还为乡亲们的网店提供了货源。他生产的家具还注册了自己的商标，通过淘宝、京东、亚马逊等网络平台，卖到了全国各地。2013年，朱晓猛网店的年销售额已经超过了1000万，这是以前打工无法想象的。

缙云北山村的吕振鸿，17岁辍学后和同村的伙伴一起在异乡靠卖烧饼谋生。如今，这个昔日的"烧饼郎"已变成了闻名遐迩的"北山狼"。他在淘宝上的自有户外品牌得到淘宝买家的高度认可。给他做分销商的同村村民吕林是位残障人士，干不了体力活，以前一直是家人的负担。而坐在电脑前经营网店对吕林来说一点问题都没有，吕振鸿给他提供产品，家人帮他发货，他负责网店的打理。现在他开网店的收入已经可以反哺家庭了。

记得在实地考察结束时，中国扶贫基金会秘书长刘文奎与地方官员、电

---

① 周红：《互联网时代农民如何脱贫致富》，2014年3月10日，http://finance.people.com.cn/n/2014/0310/c1004-24589932.html。

电商消贫
Eradication of Poverty by E-business

商协会、网商代表座谈，道出了一番肺腑之言。他说，以前跟许多人一样，以为电子商务"高大上"，电商扶贫未免有些"理想化"，实地一看，让人深受启发。以前扶贫都要送生产资料、生活资料，扶持农民种植、养殖，投资大，周期长，见效慢，对于没有资源的地方，难度则会更大。相比之下，做电子商务，开网店的软件系统都可以在网上复制分享，投资少、见效快。

文奎秘书长所说的，其实就是电子商务的赋能效应。电子商务对草根大众的赋能，让电商扶贫不仅可行，而且意义重大。

4. 电商扶贫与电商生态

草根网商之所以能通过电子商务获得网络赋能，除了他们直接对接市场，获得交易的自由，从而激发起靠自己努力、靠市场订单就可以脱贫致富的主动性和积极性外，电子商务以平台为基础带来的市场机会和低进入门槛，以服务商为主体的分工体系提供的经营便利，为电商减贫扶贫创造了重要的市场生态环境。

刘鹏飞本人的创业故事就颇具传奇色彩。他生长于农村，因家境不好，在九江学院上学时就尝试过做生意。2007年，24岁的他毕业后，来到人地两生的义乌。下了火车后，他身上只剩区区5块钱。他找了个管住宿、包午饭，月薪1000元的工作，开始了在义乌的闯荡。他拼命学习一切在他看来有用的知识，寻找能够赚钱的门路，包括如何开淘宝店，包括孔明灯的生产和制作。他从倒卖起步，到办厂生产，短短几年成了全球产销量最大的"孔明灯大王"。2011年，我作为阿里巴巴全球网商大会的评委，亲历他毫无悬念地荣列"全球十佳网商"的全过程。

地域电商生态环境对草根网商创业就业的重要性，在义乌得到生动体现。义乌是全国县域电子商务发展程度最高的地方，与之相应，义乌工商学院"毕业生就业率（2013年）达97.62%，其中自主创业率达14.17%，毕业生自主创业率居全国高校之首"①。素有"大学生电商创业教父"之称的贾少华副院长坚信，电子商务创业门槛低、风险小，很适合在校大学生创业。2013年，这个学院8000多名在校生中，有1800多名学生通过电子商务创业，生意做得好的学生一年销售额上千万元。②贾院长还从历届学生创业的统计中发现一个规律：越是家境贫寒的在校生，电商创业的动力越足，成功率越高。

熟人社会，尤其有利于电商创业和电商扶贫。由于自身的经历，刘鹏飞在义乌组织了九江校友会并担任会长，凡学弟学妹来义乌创业就业，均提供一个月免费食宿，并倾心相助，帮他们度过最艰难的起步期。现在，这一校友会已经发展到几千会员，刘博就是其中之一。在鹏飞的感召下，刘博创办了网店，主营饰品、家居用品等。目前，他已拥有几个不同商品品类的顶级金冠网店，旗下各网店年销售总额已过两个亿。刘博也成了这个校友会的副会长之一，和鹏飞他们一起为更年轻的学弟学妹提供帮助。

"淘宝村"电商生态对电商扶贫的作用，给了我们一个"农村版"的解释。在"淘宝村"调研，人们会很容易发现这样的现象：那些最为普通的农村弱势群体，如贫困户、残障人士、没什么学历的农村妇女等，只要有劳动能力，也能开网店脱贫致富。原因何在？

2010年研究"沙集模式"时，我曾提出过农村电商因"双重社会资本"更易实现模式复制的观点。所谓"双重社会资本"，一是技术性的社会资本，比如技术进步降低了农民进入电商的门槛，即便识字不多的农户，也能通过用语音对话代替电脑打字在网上做生意，平台也提供了各种免费课件、技术

---

① 何白林：《义乌工商学院毕业生创业率全国最高》，2013年8月12日，http://epaper.jhnews.com.cn/site1/jhrb/html/2013-08/12/content_1671246.htm。

② 同上。

支持和开展商业活动方面的便利；二是农村特有的熟人社会，这是另一种社会资本，它有利于"领头羊"示范效应的发挥、成功模式的复制以及致富知识在农村社区的扩散，从而大大降低了农村电商减贫扶贫的难度。

5. 电商扶贫与价值发掘、市场认知

以前都说"无农不稳，无工不富"，许多贫困地区经济不发达的一个重要因素，是没有赶上工业化的那拨"班车"。地理偏远、与世隔绝、资源匮乏、市场狭小等等，都可能是这些地方被工业化"列车"落在"站台"上的原因。

然而，这些贫困地区却因祸得福，留下一方好山好水好环境。在深受过度工业开发之苦的人们眼中，良好的生态环境本身成了稀缺资源；在人们日益关心食品安全的今天，与良好生态环境相关的农产品，其身价也理应得到提升。

近年到各地农村实地调研，结识了一大批有志从事生态农业、体验农业和创意农业的新农人朋友。他们最大的困扰之一，就是有非常好的产品，却"养在深闺人未识"。贫困地区的产业扶贫开发，其实也面临同样的困扰：不仅要让扶贫开发的产品卖得掉，而且还要卖得好，就必须想方设法把产品中蕴藏的价值发掘出来，同时，必须得到市场的广泛认可。电子商务，包括移动电商、微电商、O2O等，就是不容忽视的手段。

如前所述，为什么强调"电商跟着用户走"？要扶贫开发，就必须明白：今天以及未来的用户越来越多地是通过上网,利用移动端、社会网络获取信息，搜寻和购买心仪的产品与服务，并提出改进的要求与建议，甚至与卖家结成朋友圈。这就是趋势！

已经错过工业化"班车"的贫困地区，万万不可再次错过信息化的这一趟"列车"。

四、电商扶贫，怎么办

2014年以来，电商扶贫明显开始得到有关各方的重视。政府方面，国务院扶贫办主任刘永富2014年5月到甘肃陇南调研电商扶贫，充分肯定了成县和陇南市电商扶贫的思路和探索，各地方政府尤其是甘肃、广东、重庆等地均加大力度推进电商扶贫工作；中国扶贫基金会、友成基金会、中国国际扶贫中心、中国扶贫发展中心等机构，在电商扶贫方面也纷纷采取行动，我本人和我的同事就参加过上述各机构主办或合办的活动；阿里巴巴、京东等电商企业，把电商扶贫纳入履行企业社会责任的重要议事日程；各地电商平台和电商园区的运营者、电商培训机构，也在当地政府的鼓励下，开始尝试寻找电商业务与扶贫的结合点；网商带有扶贫开发性质的业务和项目，得到了政府和社会企业更多的肯定和支持；群众团体中，各地团组织、大学生村官、残联和相关的慈善组织最为活跃，其中，团甘肃省委以电商助力扶贫攻坚的"一村一电"工程、广东狮子会组织的残障人士电商创业脱贫培训等活动，给人们留下深刻印象。

2014年以来，在各地调研时，只要与地方政府主管官员谈及电商扶贫，没有一处不是积极反馈。有些地方，尤其是电商基础好或扶贫任务重的地区，如苏北睢宁、贵州铜仁、山东临沂和江西宁都老区、甘肃成县等，谈及电商扶贫时反应之强烈，让我出乎意料。这让我明白，随着国家启动新一轮扶贫攻坚，随着电子商务主流化的加快，电商扶贫的春天已经到来！

电商扶贫怎么做？前面的讨论中有的地方也提到了一些，基于此前的讨论，根据个人对我国扶贫工作的粗浅了解，这里不揣冒昧，再对有关的扶贫主体补充提出以下建议。

电商消贫
Eradication of Poverty by E-business

1. 创新扶贫政策

首先，还是要建议我国扶贫界尽快把电商扶贫纳入主流的扶贫政策体系之中。特别建议负责扶贫政策制定、资源配置的有关部门，官方和民间机构，企业与非营利组织，电商及扶贫领域的学术同行们，更多关注和研究电商扶贫，广泛宣传电商扶贫的战略意义和重大作用，深入探讨电商扶贫的规律和有效方式，为电商扶贫实践提供强有力的理论支撑。

将电商扶贫纳入主流的扶贫政策体系，需要认清和处理好以下关系。

一是创新与融合。电商扶贫，无疑需要扶贫政策的创新，但这绝不是完全否定和推倒重来，而是对已有政策体系作补充和完善，因此，重要的是将电商扶贫的新内容、新要求，与原有的扶贫政策体系有机融合起来。

二是帮扶与激励。电商扶贫，既要依靠各类扶贫主体从外部帮扶，又离不开或更离不开帮扶对象自身内在的主观能动性。要进一步总结"淘宝村"发展的实践经验，特别要重视发挥"领头羊"们的示范作用，处理好公平帮扶和重点帮扶的关系，确保正向激励。

三是政府与市场。电商扶贫作为"扶贫3.0"，要真正实现"营造渔场"的愿景，就必须基于市场，必须跨界合作，必须机制创新。机制创新，基础是充分调动与整合各扶贫主体的资源，核心是处理好政府与市场的关系，目标是切实提高帮扶的最终绩效。

四是顶层和基层。电商扶贫，须坚持以基层实践推动整体政策体系完善的原则。为此，建议搭建以制度设计、资源协调、知识分享和实践推动为职责的跨界合作顶层结构，比如成立国家级的"电商扶贫促进联盟"；在地方，根据不同地区和发展条件，优先在试点愿望强烈的地区设立一批电商扶贫的实验基地，地方上同样采取跨界合作的机制，鼓励不同模式的探索，实行上下互动，以点带面予以推进。

2. 调整和完善部署

调研中，我们了解到，许多地方近年已经就未来的扶贫工作编制和出台了规划，部署了相应的项目，配置了资源，并在工作中加以推进和实施。电商扶贫的内容一旦加进来，就必然要求对已有的部署进行必要的调整和完善。

调整大致应在两个层面进行：一是整体规划，二是具体项目。

在规划层面，关键是做好电商扶贫和原有扶贫规划的融合。重要的是三个方面的融合：一是规划目标的融合，二是扶贫手段的融合，三是资源配置的融合。"三个融合"应在任务设定和绩效考核上体现出来。

在项目层面，主要是两个方面的调整：一是需要就电商扶贫增设新项目，比如，在贫困地区扶贫的基本建设项目中，酌情增设电商扶贫所需的基建项目；二是需要在原有的扶贫项目中，注入电商扶贫的内容，比如，在扶贫培训项目中，加进电子商务培训的模块。

3. 以电商引导产业扶贫开发

在我国不少贫困地区，多年的产业扶贫开发已相对强化了当地的生产能力，有的形成了一些产业聚集区。例如，在河北，就有太行山区的优质干鲜果品产业带、黑龙港地区的蔬菜长廊、燕山地区的食用菌养殖、坝上地区的错季蔬菜等。

对此，我的建议是：不要低估市场"卖难"的重大威胁，不要高估贫困地区新兴产业的抗风险能力。越是在贫困地区培育起来的产业带，就越要树立前述"六跟六走原则"，越要把市场对接做好，越要重视以电子商务引导生产的作用，尽量避免"卖难"造成的被动和损害。① 近年以来，淘宝"特色中国"率先组织新疆库尔勒香梨等农产品的"抢鲜购"活动，京东、1号店等也利用电商交易的便利，组织开展"京东预售"、"1号店预售"等活动，为探索基于电商的订单农业积累了有益的经验。但这只是开始，还远远不够。

发展电商订单导向的产业扶贫，与涉农电子商务一样，需要坚持"开拓思路，不拘一格，营造环境，顺势而为"的策略，政府主管部门和扶贫公益团体要相信市场，相信互联网的赋能，相信草根的创造力，不要代替市场主体去进行经营决策，不要按自己的主观意愿预设产业发展路径，应在基础设施和市场环境上着力，做好公共服务和公益服务，按政府和公益团体自身的功能定位，帮市场主体之所需，弥补其短板。

对于贫困地区的市场主体，如何将电商扶贫与产业开发结合起来，我这里的一个主要建议，是比照《涉农电子商务与西部大开发》一文中②，基于"电子商务地区逆差"的讨论给出的参考意见，用于贫困地区电商导向的产业开发决策。贫困地区电子商务逆差信息中，蕴含着当地产业开发、经济结构调整优化的极为重要的"导航"信息，反映的是当地市场潜力、产业发展的基础和结构转型的可能，可为市场主体产业开发方向的选择提供备选空间。

4. 将电商扶贫与精准扶贫结合起来

目前，正在全国推进的以"真扶贫、扶真贫"为目的，以"大水漫灌改精确滴灌"为方法的精准扶贫，旨在为准确把握扶贫形势，改善扶贫资源利用绩效，更好地完成扶贫攻坚任务奠定基础。

---

① 汪向东：《农民"卖难"与农村电子商务》，《中国信息界》2012年第5期。
② 汪向东：《涉农电子商务与西部大开发》，2014年9月16日，http://blog.sina.com.cn/s/blog_593adc6c0102v557.html。

电商扶贫与精准扶贫是什么关系？一方面，精准扶贫是整个扶贫工作、当然也是电商扶贫的基础，二者在目标上是一致的；另一方面，又不能对精准扶贫中的"扶真贫"和"精确滴灌"作简单化的理解。简言之，扶贫需要"双到（到村到户）"，又不能限于"双到"。

对于"直接到户"式的电商扶贫，精准扶贫对象无疑也应当列入电商扶贫的帮扶重点，纳入扶贫"双到"的工作范围，尤其对有劳动能力的特困户、低保户、五保户、优抚对象、"三留守"人员等，在电商扶贫的"双到"工作中，应给予更多关照。甘肃等地专门为贫困户家庭"两后生"安排电商扶贫培训，有助于这些贫困家庭加快电商脱贫的步伐。

对于"参与产业链"式的电商扶贫，除了在精准扶贫对象上着力，帮扶他们融入到已有的面向电商的产业链外，还应当在区分不同资源特性的前提下，把必要的扶贫资源用在相关产业链上的龙头企业和产业链发展急需的其他环节上。这不仅不违反精准扶贫"真扶贫、扶真贫"的精神，恰恰相反，鉴于电商扶贫需要提高组织化水平（例如，通过类似刘鹏飞那样的企业组织当地留守妇女，因地制宜组织起来发展家庭手工业），需要以此营造良性循环的电商生态，将扶贫资源用于龙头企业和产业链发育的薄弱环节，往往能起到事半功倍的作用。

对于"分享溢出效应"式的电商扶贫，当地政府应及时推动，将电商生态发展的溢出效应，更大程度转化为更多贫困户可分享的福祉。

5. 引入电商金融扶贫

目前，金融扶贫的创新探索成为扶贫领域人们密切关注的热点。围绕扶贫"贷款难"、"担保难"两大普遍性问题，各级政府出台了许多措施，主要包括加大扶贫专项资金投放、整合使用扶贫开发资金、搭建银企对接和扶贫担保平台、鼓励金融下乡服务、鼓励民间资本参与和试点土地经营权贷款等;传统线下金融机构也采取了不少办法,包括创新扶贫信贷产品、增加扶贫小额贷款、实行扶贫优惠利率等。

在继续深化金融扶贫改革创新的同时,须高度重视互联网金融在扶贫领域的应用,应努力将电商扶贫与金融扶贫结合起来。对此,主要有以下建议。

一是应充分发挥阿里巴巴、京东等为代表的电子商务平台企业和世纪之村信息化服务平台为代表的涉农信息化应用平台企业的作用。特别是它们依托信用数据优势、开展互联网金融创新的探索,有助于金融扶贫走出"贷款难"、"担保难"的长期困境。

二是建议线下传统金融机构和电子商务平台企业携手合作,将前者的资金优势和后者的电子商务信用数据优势互补,共同服务于扶贫大目标。尽管在具体操作上困难重重,但长远看,这应该成为电商金融扶贫创新的一个重要方向。

三是电商金融扶贫应视不同地区、不同条件,采取不同策略。从电子商务发展的维度看,目前不同贫困地区的发展水平各异,我在《正在发生的事实》一文中,对各地县域电子商务差异的分析也适用于贫困地区。[①] 因此,在已存在电子商务(包括网销和网购)的贫困地区,率先引入互联网金融扶贫,并非空穴来风;而在电子商务尚未启动的贫困地区,可将电商扶贫和金融扶贫一并推进。

四是电商金融扶贫还需要在兼顾公平扶贫与重点扶贫的前提下,视融资、担保对象的情况和信用记录的差异,采取不同策略。

---

① 汪向东:《正在发生的事实》,2014年8月17日,http://blog.sina.com.cn/s/blog_593adc6c0102v10c.html。

6. 夯实电商扶贫基础

《中国农村扶贫开发纲要（2011—2020年）》要求加强和完善扶贫所需的基础设施建设，其中包括普及信息服务，优先实施重点县的"村村通"工程，加快农村邮政网建设和"三网融合"等。要从前文所提到的"信息扶贫"推进到"电商扶贫"，从信息服务拓展到电商应用，就需要在信息基础设施之上继续构建电商基础设施，夯实电商扶贫基础。

目前，我国县域电子商务已经进入全面引爆期，"平台+园区+培训"成为各地加快电子商务发展的政策抓手。即：通过兴办地方电商交易平台（最典型的表现是"地方馆现象"[①]），从梳理和整合本地优势产品资源入手，构建本地面向电商的产业体系；以建设电子商务园区作为政策载体，聚合电商发展要素，为本地电商发展提供服务支撑；以电商培训做实人才基础，为本地电商发展提供源源不断的人力资源和人才储备。

面对似乎突如其来的电商基础设施建设热潮，我在不少场合表达过自己喜忧参半的心情。喜的是，做得好，可以满足各地电子商务发展的现实需要；忧的是，如不顾当地客观需要和电商发展规律大呼隆地开展，追求"面子"，极有可能造成一批新的电商"烂尾楼"工程。然而，客观地看，考虑到更多县域电商尚处在引入阶段的实际，尤其针对贫困地区电商发展的需要，加强当地电商基础设施建设，主要不是应不应该的问题，而是怎么做的问题。另外，电商人才培训也应该注重实效。

贫困地区一方面应该把《中国农村扶贫开发纲要（2011—2020年）》的

[①] 汪向东：《"地方馆现象"与县域电子商务》，2014年7月22日，http://blog.sina.com.cn/s/blog_593adc6c0102uxmc.html；《对"地方馆现象"的观察与思考》，2014年5月22日，http://blog.sina.com.cn/s/blog_593adc6c0101llv9.html。

精神,特别是其中对完善基础设施、健全新型社区管理和服务体制、连片开发、加强人才培训的要求,延展和贯彻到夯实电商基础的工作中来;另一方面,更要积极探索建设中的电商基础设施和电商培训,如何在扶贫方面发挥作用。

对于后者,令人感到欣慰的是,在近年的实地调研中,我们发现一些地方的政府、电商园区和地方电商平台的运营者,已经开始了自己的思考和探索。比如,辽宁首个国家级电商示范项目——沈阳浑南电商产业园,明确表示要将支撑电商扶贫纳入自己的业务规划中来;贵州铜仁也在积极探索"电商新村"、电商"铜仁馆"平台与扶贫连片开发工作的结合点;江苏睢宁县的"电商万人大培训",在加强培训质量和数量考核、促进受训者开办网店的政策下,采取"社会机构兴办实施+政府买单购买服务"的做法,推动电商培训工作上了新的台阶。

7. 探索创新电商扶贫机制和方式

2014年1月,中共中央办公厅和国务院办公厅联合下发《关于创新机制扎实推进农村扶贫开发工作的意见》,强调以改革创新为动力,着力消除影响扶贫工作的体制机制障碍。近年,我们在研究电商扶贫的过程中,也了解到各地在精准扶贫、社会参与、定点帮扶、资金使用、责任考核等多方面已经进行了不少探索,这里想再重点提出两点建议。

一是应转变走样的典型带动、示范推广的方式。坦率地说,在包括扶贫在内的许多工作领域,那种刻意"打造"典型示范的工作方式都是有问题的。越是集中资源给优惠、吃偏饭吃出来的"典型",就越是没有真正的示范性和可复制性。农村扶贫开发的绩效,和农村信息化一样,不应该用"打造"出来的示范点来衡量,而必须确立"成规模、可持续、见实效"的评价标准。须知:真正有生命力、真正可复制的典型示范,不是"造"出来的,而是"找"

出来的。它们不是存在于政策营造的温室里，而是成长在原生态的田野中、深山里，需要人们去发现、去寻找。用这样真正的典型示范去推广、去带动，才能收到理想的效果。电子商务平台上的数据挖掘，能让人们方便地发现线索，有利于指引后续的深入调研、经验总结，值得在创新扶贫方式中借鉴应用。

二是应重视加强电商扶贫的领导力。电商扶贫，与农村信息化、美丽乡村建设一样，有一个领导力的问题。新农村需要新村官，新时代需要新领导。我们在调研中发现，不少地方已经敏感地意识到新型领导力的重要性。贵州铜仁市的主要领导同志，主动提出希望与我们，并通过我们与电商界广泛合作，帮助铜仁建立县、乡镇、村三级电商专职领导体系；江苏睢宁县也希望与电商企业合作，尝试建立互派人员、定期挂职、双向交流的制度。这些创新电商扶贫工作机制和方式的思路极富价值。另外，还应重视对驻村工作队、帮扶责任人、挂职扶贫干部、大学生村官等的电商培训，要让这一大批重要的帮扶者们，首先了解电子商务，了解电商扶贫，这样才能更好地带领大家减贫脱贫，走向富强。

（汪向东，中国社会科学院信息化研究中心主任）

"互联网+"铺就脱贫致富路

"互联网+扶贫"是一个全新的课题，近年来其快速发展使我们看到了在世界范围内消除贫困的曙光。中国政府已经将互联网创新纳入脱贫攻坚工作体系，借助互联网，力求尽快为贫困乡亲铺就一条开满鲜花的幸福路，其积极意义，可从以下四个方面来理解。

一、"互联网+"促进全面建成小康社会"一个都不能少"

中国政府高度重视扶贫工作，改革开放以来通过不懈努力，已经使6亿多人脱贫。中国成为全球首个实现联合国千年发展目标、贫困人口减半的国家，为全世界减贫事业做出了中国样板。联合国《千年发展目标2015年报告》显示，2014年中国农村贫困人口的比例已下降到4.2%，对全球减贫的贡献率超过70%，成就举世瞩目。挪威奥卡拉工业集团主席斯坦埃里克·哈根认为：中国正在"成功地让数亿人脱离贫困"，这是一个"值得获得诺贝尔和平奖的"

成就，是对世界和平的重要贡献。

但同时，我们应清晰地认识到，按照现行标准①，我国仍有7000多万人口未脱离贫困。中央提出，到2020年要实现7000多万贫困人口全部脱贫，全面建成小康社会。这是我们党对人民、对历史做出的庄严承诺，是"两个一百年"奋斗目标的第一个百年奋斗目标。全面建成小康社会，是全体中国人民的小康，不能有人掉队；没有农村的小康，特别是没有贫困地区的小康，就没有全面建成小康社会；全面建成小康社会，五十六个民族一个都不能少，革命老区一个也不能少，否则都将是不完整的。

而如何能做到"一个都不能少"，近些年来一些贫困地区应用互联网手段的减贫实践，让我们看到了希望。如国务院扶贫办在甘肃省陇南市9个贫困县开展电商扶贫工程试点取得初步成功，近一年来，通过一系列电商扶贫措施，直接带动贫困群众人均增收430元。

二、"互联网+"是中国脱贫攻坚进程的应有之义

根据党的十八届五中全会明确的到2020年实现"两不愁、三保障"的目标要求②，需要确保我国现行标准下的农村贫困人口实现脱贫，贫困县全部摘帽。解决区域性整体贫困，打赢这场脱贫攻坚战的任务十分艰巨。

经过多年努力，容易脱贫的地区和人口已经基本脱贫。剩下的贫困地区

---

① 中国目前的贫困线是2011年确定的，农村（人均纯收入）贫困标准为2300元/年，这比2010年的1274元贫困标准提高了80%。
② 《中国农村扶贫开发纲要（2011—2020年）》明确提出到2020年，要实现"两不愁、三保障"，核心是"两个确保"。"两不愁"就是稳定实现农村贫困人口不愁吃、不愁穿，"三保障"就是保障义务教育、基本医疗、住房安全，"两个确保"就是确保农村贫困人口全部脱贫，确保贫困县全部脱贫摘帽。

电商消贫
Eradication of Poverty by E-business

和贫困人口，一般说来，贫困程度较深，自身发展能力较弱。越往后，扶贫攻坚成本越高，难度越大。以前出台一项政策、采取一项措施可以实现成百上千万人口的脱贫，现在，减贫政策效应递减，需要采取更加有效的举措和超常规的办法。

为此，国务院扶贫办编制并组织实施了"十三五"脱贫攻坚规划，分解细化年度目标任务。搭建五个工作平台，开展六项扶贫行动，实施十项精准扶贫工程。

五个工作平台包括国家扶贫开发大数据平台、省级扶贫开发融资平台、县级扶贫开发资金项目整合管理平台、贫困村扶贫脱贫落实平台、社会扶贫对接平台。六项扶贫行动包括教育扶贫行动、健康扶贫行动、金融扶贫行动、劳务协作对接行动、老区百县万村帮扶行动、民营企业万企帮万村行动。十项精准扶贫工程包括整村推进工程、职业教育培训工程、扶贫小额信贷工程、易地扶贫搬迁工程、电商扶贫工程、旅游扶贫工程、光伏扶贫工程、构树扶贫工程、贫困村创业致富带头人培训工程、龙头企业带动工程。

需要强调的是，"互联网+"是中国脱贫攻坚进程的应有之义。墨守成规，故步自封，是无法打赢这场扶贫攻坚战的。互联网打通了贫困地区与外界的"信息鸿沟"，有助于实现扶贫模式由"输血式"扶贫向"造血式"扶贫的转变，增强贫困地区和贫困人口的自我发展能力；同时，在新的时代，更应该把互联网思维、互联网意识融入进扶贫工作中，使贫困地区和贫困人口摆脱意识和思路上的根本困境。

三、"互联网+"将有效催化贫困地区产业升级

目前，我国已成为名副其实的世界第一电子商务大国。据商务部统计，

2015年全年电子商务交易额为20.8万亿元，同比增长约27%，全国网络零售交易额为3.88万亿元，同比增长约33.3%，电商交易额和网络零售交易额两项数据都是世界第一。

我国电子商务正逐步由大中城市扩展到二、三线城市和中西部农村地区。可喜的是，中西部贫困地区的干部群众普遍认为，电子商务缩短了其与发达地区经济发展的距离。贫困地区之所以贫困，一个重要原因就是没有赶上工业化的"班车"，但这却恰恰使当地保留了好山、好水、好环境，这在当下属于稀缺资源。他们庆幸当地没有因为工业化带来的环境恶化和食品安全问题；庆幸当地没有拥挤不堪的交通，但有便捷的互联网和云高速；庆幸自己遇到了难得的发展机遇和经济发展"弯道超车"的机会。电子商务把当地的有机、绿色农副产品卖到了城里去，还卖出了好价钱，增加了收入，使当地的经济前景一片光明。

"互联网+"还可以改变农民过往的盲目生产，取而代之的是以销定产，这将催化产业规模扩大和产业结构调整。按照传统的产业发展递次转移的规律，贫困地区的产业升级将遥遥无期，但互联网创新打破了常规，使得产业升级计日可期。此外，"互联网+"还将促进信息、交通、物流、文化等行业的发展和进步，为中国"两个一百年"目标的实现打下坚实的基础。

四、互联网+扶贫，我们要做什么

互联网+扶贫是什么？社科院汪向东教授曾说过，"与其他扶贫方式相比，最关键的区别就在于贫困主体对接市场的不同，互联网+扶贫对接广域大市场，突破贫困地区本地市场的局限，为贫困地区经济发展和贫困人口创业就业、增收脱贫，提供强大的市场动力。"共青团陕西省委农村青年工作部部

电商消贫
Eradication of Poverty by E-business

长魏延安认为：" 简单地说，就是运用电子商务来促进贫困地区家庭脱贫致富，带动当地产业发展。"国务院扶贫办主任刘永富将互联网＋扶贫概括得更加通俗易懂："将贫困地区绿色的、优质特色农副产品卖到城里去，卖个好价钱，卖出品牌，也让城里人享用到放心的、健康的食品，实现双赢。"

2015年11月29日，《中共中央 国务院关于打赢脱贫攻坚战的决定》专列第十五条提出：加大"互联网＋"扶贫力度。2015年11月9日，国务院办公厅发布的《关于促进农村电子商务加快发展的指导意见》，全面部署指导农村电子商务健康快速发展。以上文件均要求，将互联网手段纳入扶贫开发体系中，瞄准扶贫对象，作用于扶贫对象，拓展增收渠道，将当地优质的农副土特产品卖出去，促进商品流通，增加扶贫对象收入，使其脱贫致富；反过来，带动当地各项事业全面发展。

近年来，国务院扶贫办在电商扶贫领域已经开展了一系列工作：

建立了贫困县电商发展情况数据库。全面了解832个贫困县资源、电商基础、电商规划等领域的信息，基本摸清了贫困县电商发展底数，初步建立了贫困县电商发展情况数据库。

开展电商扶贫试点。将集中连片贫困地区——甘肃省陇南市列为全国电商扶贫试点：全市9个贫困县（区）普遍建立县、乡、村三级电商扶贫综合服务中心，探索出了贫困农户创业型、能人大户引领型、龙头企业带动型、乡村干部服务型的网店建设类型和"一店带一户"、"一店带多户"的电商扶贫模式。据统计，截至2014年年底，陇南市网店销售总额20.7亿元，其中建档立卡贫困户2.77亿元，覆盖了全市2/3的贫困村；450个试点贫困村开办网店735家，带动贫困户24531户共96897人，试点贫困村网店销售总额达2.53亿元，其中建档立卡贫困户5595万元。全市64万贫困人口因此人均增收430元。

创新扶贫开发工作机制。与阿里巴巴、苏宁云商、京东等电商企业进行战略合作。

举办扶贫论坛，发出扶贫倡议。结合中国 10 月 17 日"扶贫日"活动，举办 2015 减贫与发展高层论坛之电商扶贫论坛，发布电商扶贫联盟、MOOC[①]+ 电商扶贫项目成果倡议等。

培养扶贫人才。通过与扶贫工作相关的社会组织合作（如友成企业家扶贫基金会等），招募了 20 多位电商领域专家作为扶贫志愿者，研发、录制贫困地区电子商务能力建设课程，利用慕课方式加强对贫困县电商扶贫人才的培养，已在贵州铜仁、甘肃陇南等贫困地区开展了多期电商扶贫培训。

下一步，国务院扶贫办将与工业和信息化部、交通运输部、农业部、商务部、国家邮政局、全国供销合作总社等 9 家单位联合印发国家电商扶贫工程指导意见。通过部门合作、搭建平台、社会动员等多种措施，形成合力，打通贫困地区电商发展壁垒，提升贫困群众电商创业就业能力，拓宽贫困地区特色产品销售渠道，推动贫困群众实现增收致富，促进贫困地区实现"弯道超车"。

"互联网+扶贫"发展过程中也存在一些不利因素，包括思想意识淡薄、人才短缺、基础设施落后、物流体系不完善、农产品生产标准化程度低等。但我认为，对比"互联网+"为扶贫带来的机遇，这些不利因素只是阶段性的。我们要紧跟中央部署，发扬"钉子精神"，努力将电商扶贫事业做好。通过"互联网+"为贫困乡亲铺就一条开满鲜花的增收路、致富路、幸福路，为 2020 年全面建成小康社会做出扶贫人的努力。

（曲天军，国务院扶贫办高级经济师）

---

① "massive open online courses"的缩写，音译为慕课，指大型开放式网络课程。

电子商务开辟消除贫困新路径

一、电商消贫的概念和内涵

电商消贫,即通过建设和安装新型基础设施,培育和培养电商生态与电商意识,建立本地化的电子商务服务体系,从而促进贫困人群利用互联网技术和手段开展创新与创业,提高信息化服务水平,最终改变贫困人群的生产和生活方式,完成脱贫致富。

新型基础设施主要指互联网(包括物联网、移动互联网)、云计算和大数据,各种智能终端等。电商生态包括贫困地区的各类电商从业人员、各类从事电商经营的传统企业、各种第三方服务商、各类落地平台,以及电子商务的行业管理人员等。电子商务服务体系包括交易、支付、物流、溯源、认证,以及代运营、店铺装修、数据分析等各类电商服务。

在电商消贫中,电子商务是一个最基础的场景,它提供了变现的手段,在此基础上,还可延伸出电商+旅游消贫、电商+金融消贫等多种形式。有电子商务先行，未来还可以带动电子政务等其他信息化应用。

电商消贫依托于产业消贫，同时又大于产业消贫。电商消贫不仅可以解决产业发展问题，对于生态营造、意识提升、制度建设等都有相当作用。

二、电商消贫的机制和机理

新基础设施的建设和安装，为消贫工作提供了新的方法和手段；新经济形态（平台经济、共享经济和微经济）的崛起，为贫困人群提供了创新创业的平台，打开新的上升通道；新服务体系（商品、生活、医疗、文化等）的建立，使得贫困人群对接并融入新型生活方式，提升思维。这一切都使得电子商务成为消除贫困的一种重要手段，成为大势所趋、社会必然。

1. 新基础设施为消除贫困提供新方法、新手段

在农业时代，土地、人力是最主要的生产要素，水利、仓储等是最主要的基础设施。农业时代没有严格意义的扶贫消贫概念，最主要的减贫活动就是开仓放粮、赈济灾民，积极一些的手段则是削减税赋、发展生产等。

在工业时代，能源、资本为最主要的生产要素，铁路、公路、机场为其主要基础设施。工业时代讲求的是产业扶贫，通过工业化和产业化的发展，帮助贫困地区实现"造血"功能。这种方式在一些有条件的地区取得了很好的效果，我国6亿多人口实现脱贫，基本上是产业扶贫的成果。但商业基础设施的匮乏及信息的严重不对称，导致了这样的后果：帮助贫困地区的农民进行产业开发容易，让他们对接市场却很难。这也是贫困人群不断在脱贫与返贫间徘徊的根本原因。

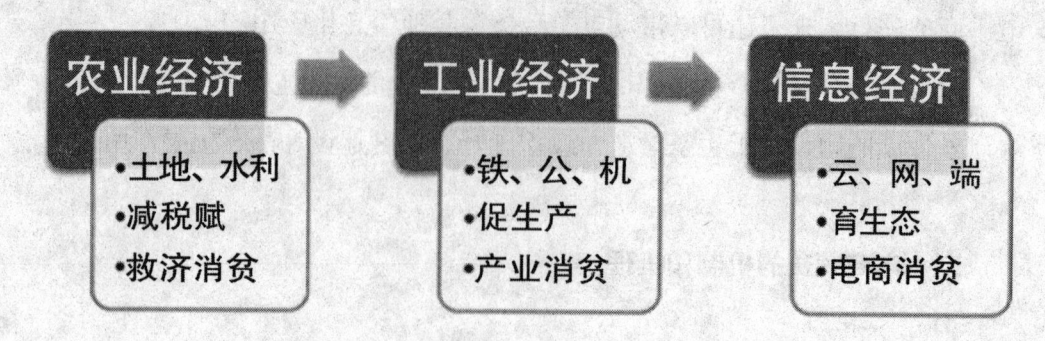

电商消贫
Eradication of Poverty by E-business

```
农业经济  →  工业经济  →  信息经济
• 土地、水利    • 铁、公、机    • 云、网、端
• 减税赋       • 促生产        • 育生态
• 救济消贫     • 产业消贫      • 电商消贫
```

图 1　不同时代里不同基础设施下的消贫方式

随着信息时代的到来，"云（云计算）、网（互联网、物联网）、端（智能终端）"等新型基础设施的迅速建设，为扶贫带来新的变数。尤其是随着移动互联网的发展，农民们使用智能手机就可以把脉市场需求，点点鼠标就可以把产品销售出去。这使我们看到，贫困地区可以通过信息化、通过电子商务助力发展，"变道超车"或另辟蹊径，实现减贫脱贫目标。

2. 新经济形态为贫困人群搭建创新创业平台

诺贝尔奖获得者舒尔茨说过，贫穷不是因为土地资源和产业落后，而是因为教育落后、信息闭塞形成的劳动力素质低下。分析贫困人群特征，我们可以看到，除了因病致贫，信息和教育是导致其贫困的最主要因素，由于二者的障碍或缺失，使得贫困地区产业落后、脱离市场。习近平主席讲的"扶贫先扶智"，道理正是如此。

越是贫困的地方距离市场越远，贫困者基本不能有效地对接市场，也无法被纳入新的社会分工，更不能享受技术革新带来的福祉。在此状态下，贫困人群的上升通道，唯有求学、打工、入伍等几种方式，而这几种方式的实质都是让其"走出去"。

第一部分 观察篇

以互联网为基础的新经济，具有公平、包容的特点，解决了信息不对称的问题，为贫困者提供了全新的上升通道。新经济的常态是平台经济、共享经济和微经济。平台提供了社会服务的共享能力，共享使得商业基础设施能为贫困者所用，从而释放出草根的创新力，使他们成为微经济的主体。贫困者们不用再东奔西走，通过互联网、通过电子商务就能完成创新创业，摆脱贫困。

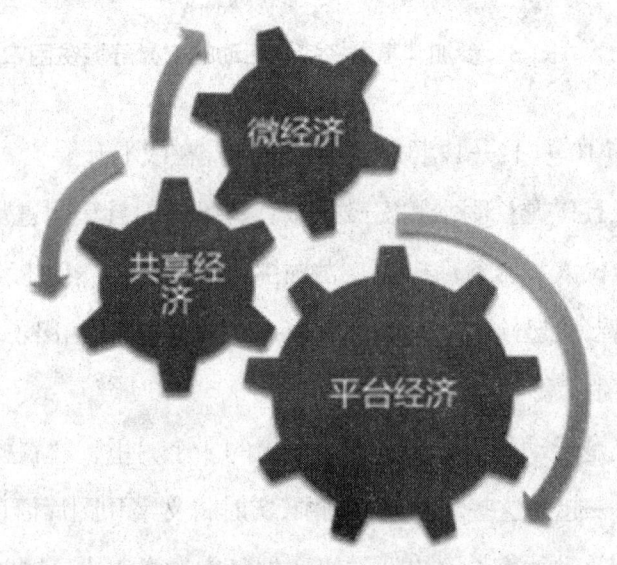

图2 新经济的新常态：平台经济、共享经济与微经济

【案例 "农村淘宝"的"掌上名猪"活动】

近两年农产品电商的火热，成就了一批具备一定见识、一定数字能力的农村创业者，如山西的王小帮、四川的赵海伶，也包括众多被"双创"大潮所裹挟的普通农户。但是如何让更多不具备这些见识和能力的农户，尤其是贫困农户也联动起来，享受新经济的福利，阿里巴巴"农村淘宝"一直在思索，寻找着解决普惠农民的更有效的方法。

电商消贫
Eradication of Poverty by E-business

图3 参加"掌上名猪"活动的安徽舒城贫困农户

2015年10月12—17日,"农村淘宝"在线上开展了"掌上名猪"活动。国家级贫困县黑龙江明水和安徽舒城、省级贫困县江西进贤,由当地的"农村淘宝"合伙人和服务商一起,发掘挑选使用土法养殖土猪的农户,然后帮助他们在线上发起预售。5天的活动小试牛刀,共预售出了1.1万份猪肉,约合500多头生猪。

预售仅是活动的第一步,在接下来的4个月里,"农村淘宝"合伙人帮助养殖农户一起对这些幼猪进行溯源,实时将文字和图片信息反馈给消费者,一直到春节前进行宰杀,再通过快递把猪肉发送出去。同时"农村淘宝"还会给这些幼猪购买商业保险,以承担食品安全和幼猪意外的履约保证。

通过平台汇集起消费者的农产品需求;通过遍布6000多个乡村的"农村淘宝"合伙人链接起的60万个生产终端(按每村100户计算),共享这些农户的生产能力;再应用溯源、保险、物流等平台的社会化服务能力,完成了这样一个农产品上行的闭环。贫困农户通过在这个商业循环中历练、成长,最终成长为微经济的主体。

3. 新服务体系改变贫困人群的思维及生活方式

随着互联网基础设施在农村地区的迅速普及，尤其是各大互联网公司启动电商下乡战略以来，各种新型互联网服务纷纷落户农村，甚至贫困地区。网购、网销等商品服务，缴费、理财、订票等生活服务，远程医疗服务，纷至沓来，贫困人群开始享受到前所未有的实惠和便利。伴随着新型服务体系的落地，贫困地区的网络消费市场加速成长，互联网意识开始加速融入农村，这些将对农村的消费习惯、生活方式，甚至思维方式产生潜移默化的影响。

新型服务体系落地，贫困地区的人口开始享受城市的生活，如今他们动动手指就可以享受到与北、上、广相同的商品和价格。阿里研究院的数据显示，2014年我国农村网络消费总额约为1800亿元，预计2016年这一数字将攀升到4600亿元[1]。网络消费的普及有助于唤醒贫困地区人口的互联网意识。广东工业大学的一项研究表明，有网络购物经验的农村居民对电商创业的认同程度较高，达到51.7%，其中86%的农村居民愿意选择全职或兼职从事电子商务。[2]

新型服务体系也催生了形式多样的电子商务服务"物种"，包括本地化的电商服务企业，如淘宝网"特色中国"的服务商，也包括电商下乡所产生的服务个体，如代购员、"农村淘宝"合伙人等。这些服务"物种"的背后，是大量外出年轻人的离城返乡，他们所带回的见识、意识，大大提升了本地乡民应用互联网的能力。

---

[1] 阿里研究院：《农村网络消费研究报告（2015）》，2015年7月13日，http://i.aliresearch.com/file/20150716/20150716133856.pdf。

[2] 黄梅英、宾宁、杨可莹、林逢春、张成科：《新农村电子商务发展调查——基于揭阳市军埔淘宝村的调查分析》，《市场周刊（理论研究）》2014年第10期。

电商消贫
Eradication of Poverty by E-business

【案例 "村淘"跨境促外需，贵州92岁老农庆生吃上意大利餐】

2015年4月15日，在西南贵州省云舍村的深山之中，三位金发碧眼的外籍大厨现身烹饪起意大利经典的牛排大餐。这一稀罕事吸引了全村人来围观看热闹，场景壮观。

原来，当天是贵州铜仁江口县云舍村土家族村民杨初学92岁的生日。此前儿媳妇曾金钗为了给自己公公过寿，想送一份他从未吃过的意大利餐作为惊喜。当她提前在村里的"农村淘宝"服务站下了订单后，商家随即派送意大利套餐和专业西餐厨师来到村里。当地的"村淘"服务站负责人笑言："'农村淘宝'跨境第一单诞生了"。

2014年10月阿里巴巴实施"千县万村"①战略以来，云舍村也开通了"农村淘宝"服务站，哪怕在深山也可以直接联通全世界。

曾金钗在下单后两天见到新鲜进口食材和洋厨师之后，不禁心生感慨。如同小臂长度的波士顿大龙虾、世界厨王争霸赛的御用牛肉，正宗新鲜自然不用多言，光在一旁看着洋大厨亲手操刀更是觉得刺激。

生平第一次品尝安格斯牛排，第一次品尝现烤意大利披萨，杨初学老人无法掩饰惊喜和激动，不住啧啧称奇："牛肉还能做出这个味啊！""这个肉饼还能拉丝？馅居然还是放在饼外面的！"围观的村民看后连连感慨，直言自己也应该下单尝个新鲜。

其实"农村淘宝"上发生的轰动事件远不止村民订制意大利餐。2014年"双十二"，就有村民通过"村淘"买下了2吨肥皂；2015年4月，福建尤

---

① 阿里巴巴集团提出的一项计划，即在三至五年内投资100亿元，建立1000个县级运营中心和10万个村级服务站。

溪县下川村为村里的小公园购买了3个凉亭,商家负责上门安装,总共才花了4万块钱;2015年6月初,黑龙江明水县村民田苗苗通过"村淘"服务站成交了一辆价值22万的本田雅阁,实现了自己的"汽车梦"。

三、电商消贫的特征和意义

1. 注重市场逻辑,帮扶贫困人群自立自强

过去在消贫工作中存在三种逻辑,第一种是公益逻辑,强调的是良知、善举,对企业来讲,强调的是社会责任,类似各种非政府组织(NGO,non-governmental organizations)在做的事情。

第二种是政府逻辑,政府按照自己的执政目标,通过财政转移支付的方式,来处理和解决先富后富的问题。

第三种是市场逻辑,市场的逻辑是强调资源的优化配置,强调配置的效果,强调利益的补偿,用市场化的方式来补偿,强调增加利润。

三种逻辑中,电商消贫更加注重市场逻辑的规则,以市场化的方式赋能,才能真正使帮扶对象自立自强,真正脱贫。

【案例 马云"以公益的心态、商业的手法做扶贫"】

2015年11月3日,阿里巴巴集团与河北省人民政府在石家庄签署了"互联网+扶贫"合作备忘录。双方商定,将充分发挥阿里巴巴集团在互联网经济领域的立体化产业发展优势和影响力,在"互联网+扶贫"领域开展深入合作,实现优势互补、共同发展。

马云表达了自己对于"电商消贫"的理解:"扶贫如何走出一条公益和商业结合的路子,我们一直讲公益的心态、商业的手法,不能倒过来。我们

电商消贫
Eradication of Poverty by E-business

希望在河北走出一条独特的扶贫之路，云的技术、智能物流，加上电子商务，我们能够把河北贫困地区的经济提升到一个新的水平，形成新的业态、新的思考。"

2. 强调"营造渔场"，培育贫困地区电商生态

过去在消贫工作中也存在两种方式，一种是"授人以鱼"，直接将财物等捐赠到贫困地区。在面对巨大的突发的自然灾害时，这一手段最为直接，见效也最快，如在汶川大地震后的灾区重建。同样在中华人民共和国成立初期，面对数量巨大的绝对贫困人口，在短时间内要改变他们的生存状况，采用的也主要是这种方式，也就是常说的救济式扶贫。2010—2012年，中国对外援助893.4亿元人民币[①]，主要是无偿援助、无息贷款和优惠贷款三种方式，也是"授人以鱼"的方式。

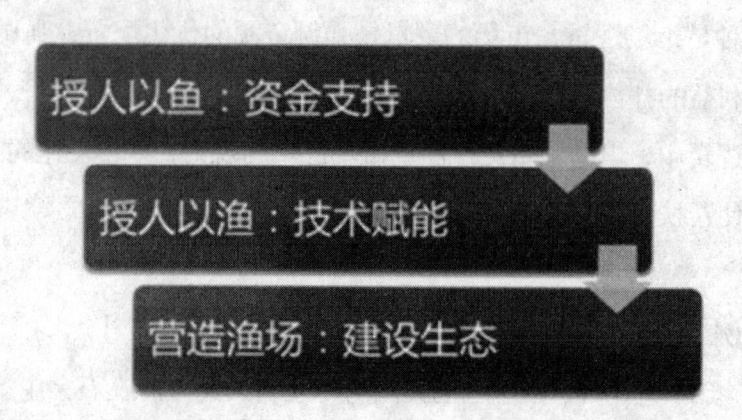

授人以鱼：资金支持

授人以渔：技术赋能

营造渔场：建设生态

图4 从"授人以鱼"到"授人以渔"，再到"营造渔场"

---

① 中华人民共和国国务院新闻办公室：《中国的对外援助（2014）》白皮书，2014年7月11日，http://www.fmprc.gov.cn/ce/cohk/chn/xwdt/jzzh/t1173111.htm。

第二种是"授人以渔",即赋予贫困者技术或产业的能力,发展生产、致富增收,这种方式在我国改革开放以来的各类产业扶贫中最为常见。"授人以渔"无疑比"授人以鱼"更进了一步,它为贫困者持续增收提供了技能,也确实让一部分人先富了起来,但是在一些自然资源贫乏、环境更为恶劣、基础设施更加落后和匮乏的贫困地区,单纯的"授之以渔",收效并不大。

电商消贫不仅强调"授人以渔"的技术赋能,更加注重"营造渔场"的生态培育和建设,为贫困者创业营造高效便捷的发展环境,也使得消贫后贫困地区可以获得自发展的能力。从许多通过电商成功脱贫的县域可以看到,电商消贫不仅要为贫困地区赋予电子商务的销售能力,帮助其把农土特产品销售出去,提高农民收入;还要为贫困地区赋予电子商务的消费能力,使其购买到价廉物美的消费品,享受到便利快捷的服务,从而变相提高其购买力,增强其幸福感。同时,电商消贫也要为贫困地区建设新型的基础设施(如宽带、物流等),更要为贫困地区营造电子商务发展的健康生态体系,使得贫困人群通过电子商务完成创业,并且在走进市场化的竞争后,依然可以生存并继续成长下去。

【案例 电商消贫的青川实践】

阿里巴巴对于农村贫困地区的电商赋能实践,始于 2009 年对四川省青川县的震后援建。阿里巴巴援建青川的核心思路就是用商业模式扶持灾区经济发展,不仅要帮助青川人民重建家园,更要通过信息化赋能,使他们具备脱贫致富的能力。

阿里巴巴对于青川电商生态早期的培育,主要做了如下工作。

第一,从 2009 年 7 月开始,组织员工志愿者来到青川,进行电子商务的普及工作。这项被命名为"乐橙计划"的赋能项目一直延续至今,累计 48 期,

电商消贫
Eradication of Poverty by E-business

超过500名乐橙志愿者来到了青川。

第二,2009年8月,阿里巴巴在青川设立农村信息化推进中心,建立7人的专职团队"阿里之家",对青川本地农民进行电子商务知识、电脑知识、网络创业等相关培训。2010年仅在乔庄镇就举行培训157人次,在骑马乡、茶坝乡、三锅乡等偏远乡镇,组织培训300人次。

第三,2010年4月,在阿里巴巴集团的推动下,申通物流青川分公司正式营业,标志着制约青川电子商务发展的物流"瓶颈"得到了质的改善。

第四,阿里巴巴还利用旗下的电子商务平台帮助青川发展电子商务。2009年11月,阿里巴巴中文站青川频道上线;2010年12月,淘宝网青川页面上线;2011年1月,淘宝网组织青川网商参加两次聚划算活动,共实现销售额近150万元;淘宝网"特色中国·青川馆"也于2015年年初正式上线。

第一个7年援建下来,青川涌现出了赵海伶、王淑娟等一批优秀网商,青川农产品电商的销售额超过千万元。来自大山深处的木耳、香菇等山货通过淘宝帮助青川实现了产业重建,并帮助灾民彻底脱贫。

3. 实现"六个精准",解决中国"三农"未解难题

长期以来,我国的扶贫开发都属粗放扶贫,扶贫中的低质、低效问题普遍存在,同时不少扶贫项目粗放"漫灌",针对性不强。2013年10月,习近平主席在湖南湘西考察时,首次提出了"精准扶贫"概念,同时提到了"六个精准",即扶持对象精准、项目安排精准、资金使用精准、措施到户精准、因村派人精准、脱贫成效精准,确保各项政策好处落到扶贫对象身上。[1]

---

[1] 李婧:《习近平提"精准扶贫"的内涵和意义是什么》,2015年8月4日,http://news.sohu.com/20150804/n418140027.shtml。

第一部分　观察篇

与此同时，"三农"问题自20世纪90年代开始被各界提及，到21世纪被列为"全党工作的重中之重"以来，中央一号文件更是连续12年聚焦"三农"。"三农"问题的核心是"农民增收、农业增长和农村稳定"，是农业文明向工业文明、信息文明过渡的必然产物。我国的7000多万贫困人口大部分居住在农村，从根本上解决"三农"问题，也成为2020年消除贫困目标的关键。

随着互联网基础设施的广泛建设，电子商务、大数据等新型手段开始在消贫工作中广泛应用。它们不仅能够使消贫工作做到"六个精准"，而且为解决我国的"三农"难题提供了很好的答案和借鉴。

【案例　芝麻信用助力精准扶贫】

民政部社会救助司每年会下拨中央财政约2000多亿元，用于全国7000万低保、医疗救助对象。2015年，社会救助司通过与蚂蚁金服公司[①]下属的"芝麻信用"合作，建设救助资金管理系统，方便查询、管理的同时，也探索出了一条落实精准扶贫的新方法。

首先，利用互联网大数据帮助认定救助对象。过去认定救助对象，采取的是入户调查、邻里访问、社区评议等形式，很难判断谁是真正的穷人。除了政府、金融机构信息共享外，根据救助对象过往在互联网金融、电子商务等平台上的记录，如理财、购物、打车、餐饮、娱乐等信息，利用大数据的方法进行"画像"，也能实现对救助申请人及其家庭经济状况的综合评估，

---

① 即蚂蚁金融服务集团，前身是2013年支付宝的母公司——浙江阿里巴巴电子商务有限公司筹建的以支付宝为主体的小微金融服务集团。2014年10月16日，小微金融服务集团以蚂蚁金融服务集团的名义正式成立，旗下业务包括支付宝、支付宝钱包、余额宝、招财宝、蚂蚁小贷和网商银行（筹）等。

电商消贫
Eradication of Poverty by E-business

从而准确认定救助对象。

其次，将财产申报制度和信用体系相结合，开始"我信任你"，从而降低行政成本。相比申报后上门核查，行政成本得以降低。和信用体系挂钩，如芝麻信用，不实申报者也要掂量掂量，因为将直接影响他的"芝麻信用分"（芝麻信用分可以用来订票、订房、租车、办理签证等等），从而降低了不实申报的发生率。

另外，对于救助对象未来脱贫的效果，也可以通过大数据"画像"进行跟踪，做到成效精准。

（张瑞东，阿里研究院高级专家）

电商扶贫与民生工作的新突破

电商扶贫刚刚拉开大幕,就与"县域电商"、"农村电商"、"农资电商"等一道成为当前电商领域最热的词汇之一。回想起 2014 年年底,人们还在讨论电商扶贫是否可行,而一年后,扶贫界与学界就已经开始系统梳理电商扶贫的理论与实践,这让人不禁有"轻舟已过万重山"之感!但我们也应当看到,目前,人们对于电商扶贫的概念理解还比较狭窄,就像关于当前县域电商发展中的顶层设计与配套措施问题,我曾概括为"看小了,没生态"[①],今天电商扶贫也面临同样的问题。历史学家黄仁宇曾反复呼吁,放宽历史的视界;而我也想呼吁,放宽电商扶贫的视野。基于当前各地电商扶贫的探索,我在思考,电商扶贫能否进一步演进到"六个成为"?

[①] 魏延安:《县域电商顶层设计之我见》,2015 年 7 月 14 日,http://www.aliresearch.com/blog/article/detail/id/20545.html。

电商消贫
Eradication of Poverty by E-business

一、电商能否成为农村金融的新突破？

2015年1月20日，汪洋副总理在浙江调研农村电商，专门考察了蚂蚁金服，关注到蚂蚁金服在农村金融服务中所表现出的低成本与高效率——最快一笔信用贷款只用了4分钟，而且全部在网上办理。汪洋副总理选择调研蚂蚁金服，可以说切中了当前农村发展的一个重要痛点。2008年，中共十七届三中全会做出的《中共中央关于推进农村改革发展若干重大问题的决定》就指出，"农村金融是现代农村经济的核心"。目前，无论是农业现代化还是新农村建设，金融依然是制约其发展的"瓶颈"，如果电商扶贫的金融业务能够从电商金融服务扩展至普遍的农村金融服务，则善莫大焉！

回想一下我国农村金融改革的历程，就可以发现，让农民享受到普惠的、便捷的金融服务依然任重道远！自金融机构商业化改革以来，各大商业银行因为效益原因普遍撤离了农村，一般到县城以下就很少能看见中、工、建、交四大银行的影子了。目前，县以下主要的金融机构是农业银行、信用社和新兴的邮储银行。然而，实际上，以"世界最大的农民银行"名义上市的中国农业银行，其"三农"金融服务比重并不高；农村金融目前的主力军——农村信用社正在加速商业化股份制改造，一大批信用社纷纷改名为农村商业银行；邮储银行成立较晚，实力有限，担当农村金融主力军的重任尚需时日；真正的农民金融在农村合作基金会[①]关闭之后基本消失，各

[①] 即社区内为农业、农民、农村服务的资金互助组织，区别于金融机构。它萌芽于改革开放初期，20世纪90年代发展迅猛，后逐渐偏离举办宗旨。1999年1月，国务院发布3号文件，正式宣布全国统一取缔农村合作基金会。

地试点的新型合作金融、社区金融等迟迟推不开局面。我也去过基层的一些农村合作金融试点，了解到的情况是，这些合作金融试点一年就开两次门，一次是放贷的时候，政府的注资和配套的入股，一开门就被农民贷完，然后就关门了；再一次开门就到了收贷的时候，因为过程慢，还得好好算账，所以这次可能会营业很多天。由于农村缺乏金融人才和金融管理能力，一些出发点良好、制度设计看似完美的农村合作金融最后变成了高息揽储[①]再放高利贷的"异形"钱庄，一遇风险，负责人纷纷跑路。在这样一种情况下，农村金融的破题，显然还需要进一步拓宽视野，由电商带来的互联网金融可谓恰逢其时！

从目前的实践看，各大电商巨头在农村的竞争，也都不约而同地放出了农村金融这一法宝，而且金融产品种类不少。比如，阿里巴巴支付宝旗下的"花呗"[②]已经为"农村淘宝"合伙人[③]开放，可以用于申请"农村淘宝"服务站[④]为群众代购的周转金贷款，一般额度从一两万起步，会根据业务量、诚信经营水平、服务质量等指标综合评价，逐步提升到一二十万；还有针对农民的生产与消费信用贷款业务。京东则为京东乡村推广员[⑤]赋予了"京东

[①] 指金融机构以高于国家中央银行法定的存款利率吸揽储蓄存款的一种违规行为。
[②] 由蚂蚁金服旗下的蚂蚁微贷提供给消费者"这月买、下月还"（确认收货后下月再还款）的网购服务。目前，天猫和淘宝的大部分商户或商品都支持花呗服务，具体商品是否可以使用花呗购买还是要以收银台页面显示为准。
[③] 指愿意参与阿里巴巴农村电商体系建设、负责"农村淘宝"服务站运营的合作运营商。一般经一定选拔程序，由"农村淘宝"服务站所在乡村的青年人担任。
[④] 阿里巴巴农村电商体系的村级服务终端，一般建有实体店面，开展代收费、代买、代卖、快递周转、金融服务代理等业务，负责运营的人为"农村淘宝"合伙人。
[⑤] 京东集团农村电商体系在村级终端具体负责日常服务的人员，他们以服务外包形式与京东合作，具体承担京东电商在村级的推广、订单代理、物流配送及相关服务。

电商消贫
Eradication of Poverty by E-business

白条"①的贷款权利，为农民开发了"京农贷"②，满足其农资购买时的信贷需求；而且，京东与格莱珉中国③在多个领域达成了战略合作意向，携手开拓中国农村金融市场。另据报道，苏宁也在针对农村开发金融产品；赶街、乐村淘等地方农村电商平台也都涉足农村金融领域。

当然，从目前的总体实践情况来看，各大电商巨头的农村金融也才刚刚起步。比如，阿里在2014年为贫困地区2.02万名经营者提供了29.73亿元的小额信贷，京东、苏宁等电商平台的农村金融服务业务也有一定进展，虽总体规模还很小，但这并不影响电商的农村金融服务成为电商扶贫很重要的一个领域。

二、电商能否成为精准扶贫的新平台？

2015年11月，国务院办公厅印发的《关于促进农村电子商务加快发展的指导意见》指出，"农村电子商务是转变农业发展方式的重要手段，是精准扶贫的重要载体"。如何让这一提法变为现实，需要进一步探索。

首先，思维上要有质的转变。精准扶贫要求到人到户，其基础数据工作可谓量大面广，任务繁杂且处在不断变化之中。如果还依靠传统的统计填报

---

① 京东集团开发的一种信用消费金融产品。消费者在京东购物便可申请最高1.5万元的个人贷款支付，并在3—24个月内分期还款，在农村主要由京东乡村推广员开放。
② 京东集团服务于农村的金融产品，包括"先锋京农贷"和"仁寿京农贷"两款子产品，分别针对农资和农产品信贷。
③ 即孟加拉格莱珉银行实施的中国项目的简称。旨在通过全面复制格莱珉模式，为中国农村低收入妇女提供小额贷款，促进家庭经营，提升其生活品质。格莱珉银行由被誉为"微型金融之父"的孟加拉国银行家尤努斯教授创办，是世界上第一个为底层人提供金融服务，帮助他们创业的专业金融机构。

系统，费时费力不说，疏漏、造假也很难避免。云计算、大数据已经十分成熟的今天，如何将贫困户接通到互联网终端，将其纳入大数据的体系，将为扶贫工作方式方法带来根本性的改变。业内人士都知道，大数据目前已经成为电商竞争的重要法宝，基于电商平台的大数据分析可以得到许多重要的启示，对更为全面地分析市场现状、客户需求、产品结构等起到重要作用。长期以来，我国的扶贫工作也建立了一整套的统计分析体系——定期进行数据分析，并以此研判工作。推进电商扶贫，应该着力推进两大数据系统的融合，具体包括：一、在进行保密约定的基础上，实现两大数据系统的相互开放，以深化研究分析；二、通过比对与结合，使两大系统内数据更加清晰、准确。比如，我国农村贫困户的信息数据普遍采用人工填报的方式，存在不同程度的造假问题，以前，只能依靠实地察看、村民举报等方式进行有限识别，这给精准扶贫工作带来很大困扰。如果可以将贫困户的统计数据与电商平台的数据结合起来，此类识别就会变得简单易行。例如，一个贫困户的家庭成员在电商平台上有大量消费，其贫困的真实性就值得怀疑；如果可以进一步与其银行的信用数据比对，基本就能水落石出了。同时，这种比对还可以健全贫困户的个人信用体系。

落实到操作层面，这个问题不妨循序渐进。建议从两大数据——扶贫统计数据与电商平台数据的开放、比对做起，让扶贫工作先尝到电子商务带来的"甜头"，让基层的扶贫工作者愿意把它用起来；然后再考虑如何依托电商建立精准扶贫网上工作体系的问题，比如，"农村淘宝"服务站能不能也做一些扶贫方面的基础工作，等等。

三、电商能否成为民生工程的新载体？

2015年5月7日，国务院发布的《关于大力发展电子商务 加快培育经济新动力的意见》明确指出，电子商务要成为"促进创业、稳定就业、改善民生服务的重要平台"。目前，各地对电商在创业就业方面的意义关注得多，而对其改善民生服务方面的作用关注较少。

由于农村消费者消费水平不高、辨别能力差，同时缺乏维权意识，长期以来，农村消费市场"假冒伪劣"横行，商品价格指数也高于城市。电商下乡不仅使农民可以买到真正的好东西，而且还为他们减少了开支；这在大家电、大宗农资产品上表现更明显。

阿里巴巴提出过一个"节支减贫"的概念。在《电商赋能 弱鸟高飞——电商消贫报告（2015）》中有一个测算：2014年，832个国家级贫困县在阿里零售平台上共完成消费1009.85亿元，据调研，网上购买的商品比农村线下市场的价格平均低20%左右，也就是说，仅阿里零售平台2014年就帮助贫困地区节约支出超过200亿元。这样看来，贫困地区的农户、企业、合作组织把电商平台作为生活品、农资产品等的集体采购平台，有着现实的经济意义。再延伸一步，贫困地区的政府采购可不可以放到电商平台上？节支减贫的效果应该也很明显。

电商进村还可以为农民解决一些现实的民生问题。比如城里人早就习惯了用支付宝、微信等缴电话费，即使不会用，出门到处都有营业厅、服务点；可农村人并不能享受到这样的便利，如果城里没有亲戚可以代缴话费，就得自己进城跑一趟，时间成本尚且不论，交通成本就不低。有了电商在农村的服务站，缴话费就不成问题了，这就是电商带给农民切切实实的信息化红利。

目前，电商在农村的代缴费业务已经扩展到通信、水电、购票、挂号等方面，还有进一步拓展的空间。

除此之外，农村的一些惠农补贴、社保服务也可以通过电商渠道来实现，这样不仅方便群众，而且可以降低成本。

四、电商能否成为城乡统筹的新通路？

2015年7月23日，中国互联网络信息中心（CNNIC）发布的第36次《中国互联网络发展状况统计报告》显示，截至2015年6月，我国网民规模达6.68亿，互联网普及率为48.8%；其中农村网民规模1.86亿，城镇地区与农村地区的互联网普及率分别为64.2%和30.1%，相差34.1个百分点。不仅如此，城乡的互联网基础设施水平差距还很大，城镇地区4G网络得到迅速普及，而部分农村地区还只有2G网络，甚至没有网络。

新的互联网鸿沟正在演化为新的城乡差距。用好了互联网，可能实现农村发展的"弯道超车"；反之，农村将又一次落后。因此，如果能以电商为切入点，推动"互联网+三农"，实现城乡在资源、人才、信息等方面的有效对接和流通，对未来的乡村发展具有重大意义——可以让农村更快地追赶城市的发展脚步，促进城乡实现新的均等化。在这一意义上，也应该把电商扶贫作为新的基础性工程加以推进，加快城乡互联网发展水平的一体化。

电商进村还可以有效促进城乡产业统筹。比如说，现在的产业扶贫，使农产品生产能力得到了很大程度的提高，但是由于常态性市场波动，农产品经常遭遇"卖难"问题。电商实现了生产者和消费者的直接对接，而由电商演化出来的农产品众筹、生鲜产品预售等活动，进一步解决了信息不对称的问题。2014年，淘宝聚划算平台上发起的"聚土地"项目，就是先把农民的

电商消贫
Eradication of Poverty by E-business

土地流转到电商名下,然后通过电商平台向消费者发起预售,消费者认购一定的份额就可以获得一定面积土地上的所有产出,而且农产品完全可以按照消费者的要求去订制,可以快递到家;"聚土地"还配套开发了乡村旅游项目,消费者可以体验当"地主"的感觉。"这一项目具有电子商务与土地流转结合、网上认筹与网下种田结合、生态农业与生态旅游结合等鲜明特点,既是农业众筹、电子商务的形式创新,也是现代农业发展的有益探索。"[①]通过这一项目,农民可以获得土地流转、本地就业、乡村旅游等多项收入,因此,"聚土地"一经推出就受到各方的关注,也为电商扶贫带来很多启发。

电商的发展趋势预示着:电商可以倒逼贫困地区的产业转型,使其最终转变到"C2B"(Consumer to Business,消费者对企业)模式的理想状态,即客户提出需求,进行按需生产,这一模式将从根本上消除产销不对接的问题,实现新时期的城乡互助。

五、电商能否成为社会扶贫的新接口?

"郭美美事件"后,国家公益事业受到巨大挑战,与之对应的是民间公益组织迅速发展,但其中的乱象同样触目惊心。如何让更多的社会力量可以更方便地参与到社会扶贫事业中来,如何实现资助方与被资助方的充分沟通与信任建设,互联网提供了这一可能。从目前的电商主体参与扶贫,发展到电商为扶贫搭建新的多向接口,这一趋势值得期待。

现在,淘宝有"公益宝贝计划",愿意参与的卖家可自愿设置一定的捐

[①] 王永群:《"聚土地":一聚解三难——安徽绩溪土地流转和电商结合调查》,2014年6月6日,http://www.cssn.cn/jjx/jjx_bg/201406/t20140609_1202398.shtml。

赠比例或额度，商品交易成功之后，钱款会自动捐赠给指定的公益项目机构，用于相关社会公益事业。再如，京东的公益频道，大家可以对经过认证的公益活动进行认领，发起捐助。如果可以进一步把公益的需求和捐助意向打包成公益产品，在进行充分信息认证的情况下，使其像淘宝集市的有形商品一样可供大家选择、爱心购买，并将交易收入交由专业的公益组织去分配和使用，最后在网上公布实施情况信息，就可以用最低的成本增进公益活动的可信任度和参与度。

而作为广义的电商，公益众筹的形式也值得探索。如何让贫困地区的特色农产品与城市的消费者实现对接，除需要使用电商这一载体外，还需要好的活动形式，众筹就是其中之一。将贫困地区的特色农产品打包上线，让众多消费者通过众筹的方式购买，从而最大程度地降低成本。比如淘宝平台上曾发起过的"掌上名猪"预售活动就很有示范意义。

六、电商能否成为供给侧改革的新动力？

什么是供给侧改革？一言以蔽之，就是政府不能再像过去一样，一味在刺激需求上下功夫，而是要反思有效供给不足的问题，以新供给催生新需求，既不做大包大揽的凯恩斯主义者，也不做经济自由主义者，重点在制度创新、降低成本、完善基础设施、推动生产要素价格合理化、释放人才活力等方面下功夫。

当前的电商扶贫探索，也恰恰印证了供给侧改革的理念。政府通过"营造渔场"，释放贫困地区的"新供给"，让平台、人才、企业等各方力量在农村电商的广袤空间里"海阔凭鱼跃，天高任鸟飞"，推动整个贫困地区的改革发展。当前的电商扶贫需要政府在以下几方面重点推进供给侧改革：

电商消贫
Eradication of Poverty by E-business

第一，要加大农村电商政策的有效供给。在出台电商发展整体意见的基础上，根据试点情况，及时出台电商扶贫发展规划和相关配套政策，形成完善政策体系。

第二，加大电商服务的有效供给。高度重视电商服务业的发展，重点解决人才培训、网店装修、专业美工、客服运营、市场推广、数据分析等电商服务的供给不足问题。

第三，高度重视并解决电商发展的短板制约问题。目前，政府要集中精力做好以下工作：加强农村信息基础设施建设，以改善"网速慢、资费高"的现状；推进农村物流体系建设，提升物流服务水平；加快电商孵化园区及其配套设施的建设，解决电商要素集中承载地缺乏的问题。

第四，切实加快农业转型升级。加速推进农业物联网、大数据的发展，大力发展智慧农业、精准农业，实现农产品质量可追溯、数据可共享，满足消费者对质量与安全的要求，适应电商对农产品标准化、品牌化的要求。

（魏延安，共青团陕西省委农工部部长）

电商消贫的经济学测算

一、中国电商消贫的实践

电商消贫的实践表明，电子商务成本低、效率高，且有很高的溢出效应。根据阿里巴巴集团发布的财报，移动端已经成为电子商务的主要工具。至2015年9月底，淘宝平台交易额的61%来自于移动端。[①]2015年"双十一"销售狂欢节，0时无线成交占比峰值达到85%。而且，在空间分布上，移动端的消费金额占比前十名的城市全部来自中西部地区。[②]移动设备的大量普及，极大地降低了商家的运营成本，释放了农村草根的创新力。

中国的创新传统对电商发展具有强大的推动作用。中国的创新传统（尤

[①] 阿里巴巴集团：《阿里巴巴集团公布2015年9月底季度业绩》，2015年10月27日，http://www.alibabagroup.com/cn/news/article?news=p151027。

[②] 阿里研究院：《内需的力量：双11看中国消费增长新引擎》，2015年11月12日，http://www.aliresearch.com/Blog/Article/detail/id/20696.html。

其是在有村落认同、家族归属的农村）至少表现在两方面：第一，愿意接受新生事物，不保守；第二，容忍模仿（imitation），乐于分享。威廉·鲍莫尔[①]在讨论"创业技术传播：最优转让定价和'单纯模仿'（Mere Imitation）的宝贵贡献"时谈到，"不同于大多数的外部性，创新的溢出效应对于大众福利有重要的贡献"[②]。鲍莫尔认为市场机制会促进这些积极正向的外部性的产生，并认为这样的市场机制也会产生大众的和实质性的经济利益。同时，市场机制也会系统地引导企业主动和积极地传播它们的自主创新。当然，允许他人使用其知识产权的所有者，一般希望得到财务方面的回报。事实上，知识产权的出售，或使用权限许可证的发放，对那些为资产或为新的营销方式寻求新用户的企业家，往往是有利可图的。[③]

【案例　沙集镇东风村电商的发展】

沙集镇东风村曾经是"路北漏粉丝，路南磨粉面，沿河烧砖瓦，全村收破烂"的名副其实的"破烂村"，废旧塑料回收加工是当地的支柱产业。[④]孙寒和他的朋友们因受到网上"家具代购"的启发，开始模仿生产板式家具。很快，亲戚朋友、左邻右舍都知道了他们网上赚钱的路子，这一模式在全村

---

① 威廉·鲍莫尔（William Baumol, 1922— ），美国经济学家，普林斯顿大学荣誉退休高级研究员和经济学教授，纽约大学经济学教授。主要著作有《微观经济学》《超公平主义》《企业家精神》《管理学》和《支付结构》等。

② 参见 William Baumol 的 *The Microtheory of Innovative Entrepreneurship* 第六章 "Enterprising Technology Dissemination: Toward Optimal Transfer Pricing and the Invaluable Contribution of 'Mere Imitation'"。

③ William Baumol, *The Microtheory of Innovative Entrepreneurship*, New Jersey: Princeton University Press, 2011, p.101.

④ 孔祥武、王伟健：《一个被互联网改变的村庄》，2015年1月9日，http://society.people.com.cn/n/2015/0109/c1008-26353303.html。

迅速扩张。东风村的家具价格便宜，质量过硬，符合网络销售性价比高的特征，开始逐步赢利。这就是模仿的溢出效应。越来越多的东风村村民看到网络可以卖出东西，并且能赚到钱，纷纷模仿开设淘宝网店，另外一些村民则做起了为这些淘宝网店服务的业务，并在村里形成了包括物流、原材料供应、网店设计等的专业化服务集群。从2006年东风村的第一家"种子网店"开业，到2007年的十来家、2008年的百余家，到2009年年底突破了1000家，2010年，东风村的网店数量已经超过2000家。[1] 这个不到5000人的村庄，"超过六成触网，经营2000多个网店，开了250多家家具厂，汇聚42家物流企业，网上交易额突破10亿元"[2]，不仅消除了本地的贫困，而且为周边的县城甚至南京的大学生提供了就业机会。这就是市场机制通过电商的溢出效应带来的大众的和实质性的经济利益。

表1 沙集镇电商发展概况

	2006	2010	2014	2015
人口（万）	5.7	5.9	6.3	6.4
劳动人口（万）	2.6	2.8	3.1	3.3
就业人口（万）	1.6	1.7	2.4	3.0
GDP（亿元）	2.2	4.3	15.3	18.2
沙集镇人均纯收入（元）	4375	6666	11442	12630
东风村人均纯收入（元）	11921	15832	22299	24342
电商实体企业（家）	8	721	1182	1670

[1] 付俊：《淘宝村电商产业集群分析：以沙集镇东风村为例》，2014年7月2日，http://www.ntv.cn/a/20140702/39095.shtml。
[2] 孔祥武、王伟健：《一个被互联网改变的村庄》，2015年1月9日，http://society.people.com.cn/n/2015/0109/c1008-26353303.html。

电商消贫
Eradication of Poverty by E-business

续表

	2006	2010	2014	2015
商城（个）	0	618	863	1068
网店（个）	14	1860	6231	8100
就业人数（人）	169	6910	22857	25267
年营业额（亿元）	0.1	3.0	26.0	45.0
非电商实体企业（家）	6	11	17	17
就业人数（人）	309	563	873	917
年营业额（亿元）	2.1	4.7	23.1	26.3
个体工商户（户）	363	471	586	620
社会消费品零售额（亿元）	1.9	4.3	6.3	7.8
非农企业数量[1]（个数）	371	1192	1978	2213
企业密度[2]（个数／千人）	6.5	20.2	31.4	34.6

来源：根据江苏省睢宁县沙集镇人民政府数据整理。

注释：

1. 非农企业数量＝电商实体企业＋非电商实体企业＋个体工商户；

2. 企业密度＝企业数／每千当地人口。

沙集镇2006年还是一个贫困镇，年人均纯收入仅有4375元；不到10年的工夫，2015年，年人均纯收入已经达到12630元，是2006年的2.89倍。电商实体企业由2006年的8个发展到2015年的1670个，电商的就业人口从2006年的169人增加到2015年的25267人，是2006年的150倍。电商发展的溢出效应极大地推动了非电商企业的发展，非电商实体企业从2006年的6家增加到2015年的17家，2015年的就业人数是2006年的3倍。非常有意思的是考察沙集镇的企业密度。2006年，沙集镇的企业密度为6.5，低于美国 1879 年的 10.34；而 2015 年沙集镇的企业密度达到 34.6，美国 2001 年的企业密度为 80.21[①]，沙集镇的非农企业还有广阔的发展前景。由电商发展带动的经济发展，不仅使当地消除了绝对贫困，还为当地政府进一步消除相对贫困开拓了思路、坚定了信心。

二、贫困的经济学测算

贫困一直是困扰社会的大问题，其状态以及测算取决于我们对它的定义。一般来讲，我们用两种方法来测量：绝对贫困和相对贫困。例如，根据《经济学人：经济学从 A 到 Z》[②]，"贫困率"是绝对贫困的概念，而"贫穷线"则用来衡量相对贫困，即根据一个国家的整体家庭收入相对确定一定收入水平以下的为贫困家庭。随着一个国家的经济发展，绝对贫困人口通常会变少。但是如果贫困问题没有得到足够的关注，不管这个国家作为整体变得如何富裕，相对贫困都可能会导致严重的社会问题。美国和法国是最有代表性的富裕国家，但是相对贫困所带来的社会问题和民族矛盾越来越严重地影响其社会秩序。

自 1979 年以来，世界银行研究人员一直试图评估世界的极端贫困程度。两种方法是评估的关键：（1）国际的绝对贫困线，用于推算一些世界上最贫穷的国家的标准；（2）购买力平价（purchasing power parity，缩写为 PPP）汇率，用于比较不同国家的生活费用。定期修订的购买力平价汇率通常导致贫困线

[①] Ying Lowrey（2005），*Business Density, Entrepreneurship and Economic Well-Being*, 2005 American Economic Association Meeting in Philadelphia, May 10, 2007, http://papers.ssrn.com/sol3/papers.cfm?abstract_id=744804.

[②] Matthew Bishop, *Economics A-Z Terms Beginning with P*, New York:Bloomberg Press, 2004.

的变化，并由此估计全球的贫穷状况。

世界银行回顾了到目前为止在全球进行贫困测量的经验，并特别专注于最新的贫困测量更新。结合之前发布的 2011 PPP 数据，最新的 PPP 更新导致世界各国对购买力的重新评估，因此，世界银行将单人每天消费 1.25 美元定为绝对贫困线，单人每天消费 2 美元定为贫困线。

2015 年 9 月 22—28 日，习近平主席访美期间，在华盛顿州当地政府和美国友好团体联合欢迎宴会的演讲中讲道，"中国仍然是世界上最大的发展中国家"，"按照我们自己的标准，中国还有 7000 多万贫困人口。如果按照世界银行的标准，中国则还有两亿多人生活在贫困线以下"。[1]

世界银行最新公布的是中国 2011 年贫困数据。2011 年，生活在 1.25 美元 / 天绝对贫困线以下的中国贫困人口是 8410 万，贫困人口比重 6.3%；生活在 2 美元 / 天贫困线以下的中国贫困人口是 2.5 亿，贫困人口比重 18.6%。而在 2014 年，按 2 美元 / 天的贫困标准来衡量，还有 1.7 亿多贫困人口，其中 1.3 亿人在农村，4500 万人在城镇（包括城乡结合部）[2]。

如果我们按目前的美元对人民币 1∶6.39 的兑换率[3]，同时按世界银行的 2 美元 / 天的贫困标准来计算的话，那么，中国大约还有 2 亿多贫困人口，人均收入不到 4432 元 / 年。我们可利用国家统计局的计算口径来进行分析（见表 2）。

---

[1] 习近平：《在华盛顿州当地政府和美国友好团体联合欢迎宴会上的演讲》，2015 年 9 月 24 日，http://news.xinhuanet.com/2015-09/23/c_1116656143.htm。
[2] 王萍萍等：《中国农村贫困标准问题研究》，2015 年 8 月 24 日，http://www.stats.gov.cn/tjzs/tjsj/tjcb/dysj/201509/t20150902_1239121.html。
[3] 为 2015 年 11 月 23 日中国银行兑换率。

表2 世界银行换算的以人民币表示的国际贫困标准单位：每人元/年

年份	2美元/天	
	农村	城镇
2005	2180	3000
2010*	2880	3945
2014*	3500	4800

注：标注*为国家统计局推算数。

来源：http://www.stats.gov.cn/tjzs/tjsj/tjcb/dysj/201509/t20150902_1239121.html。

三、电商消贫的意义

如果按人均纯收入4432元/年的贫困标准，为了消除2亿贫困人口，中国政府必须为他们提供最低8864亿元人民币的生活救济，高于2014年8290亿元的国家财政国防支出。

电商可以用"授人以渔"的理念和方式来解决贫困问题，以通过提供就业机会的通道帮助贫困人口获取收入。上文提到的沙集镇东风村所在的睢宁县，2015年预计完成80亿元的电商销售额，同时根据最新的"淘宝村"报告，睢宁县共有22个"淘宝村"，这样每个村约有3亿元的电商销售额，按照30%的利润计算，每个"淘宝村"通过电商大约能带来1亿元的收入。如果按照每个"淘宝村"1000万元的销售规模，30%为其收入，那么中国还需要25万个以上的村成为"淘宝村"，从而创造上文所提到的8864亿元的生活费。这种"授人以渔"的全民解决农村贫困人口问题、而不需要国家财政发放救济金的方法，是值得各级政府采纳的。

而根据阿里研究院的数据，近年来"淘宝村"在中国呈星火燎原之势，2013年"淘宝村"的数量为20个，2014年为212个，而2015年则迅速增长

电商消贫
Eradication of Poverty by E-business

到 780 个。

2015 年 8 月,联合国 193 个会员国就 2015 年后的发展议程达成一致,"消除贫困和饥饿,促进经济增长"成为其首要可持续发展目标,"在未来 15 年内彻底消除极端贫困,将每天收入不足 1.25 美元的人数降至零"。

消除世界贫困问题,如果能够借助电子商务的手段,借鉴中国农村电商消贫的经验,将会达到事半功倍的效果。

根据中国"淘宝村"和"农村淘宝"的发展经验,农村电子商务极易复制。学习中国在农村的经验,尤其是利用新经济的手段,利用共享经济的理念和平台经济的模式,通过电子商务发展农村经济,创建基于新技术基础设施的小企业生态体系,这对全世界的消贫实践将产生积极的影响。

而且,世界贫困人口主要分布在撒哈拉以南的非洲、东亚、南亚及拉美地区,这些欠发达地区的贫困人口主要在农村。东南亚、南亚等地区,无论是农民居住密度、农业生产方式,还是农村基础设施现状等,都与中国非常相似。所以,中国在电商消贫上的成功经验,具有深刻的国际意义。通过国际合作、培训交流、参观研讨等形式,中国的一整套新经济思维下农村发展的商业模式,对于这些国家和地区有着直接的借鉴意义。

(刘鹰,清华大学社会科学学院经济学教授)

拥抱粉丝经济：不发达地区如何"弯道取直"

阿里巴巴曾经公布过一个数据，即淘宝交易额中的"跨省顺差排名"，这个排名基本上反映了中国制造的省际差异。比如2011—2013年顺差排名前五位的，分别是广东、浙江、上海、北京和福建。这五个省市2013年从外省每买入1元，就分别向外省卖出3.2元、2.6元、2元、1.6元、1.5元。而在所有跨省零售的商品金额中，将近有一半来自于广东省和浙江省。

与此对应的是贵州省，连续三年荣获"逆差王"。2013年，贵州省向外省每卖出1元，就从外省买入20元，而这个数字在2011年仅为10元，说明其逆差程度正逐步扩大。[1]

应当说，这个数据并不令人吃惊，广东与浙江本身就是中国制造的代表。现在的问题是，在互联网经济中，像贵州这样的中西部省份如何减少与东部

---

[1] 谢周佩：《省长必读：谁动了我的奶酪》，2014年2月9日，http://www.aliresearch.com/blog/article/detail/id/18744.html。

电商消贫
Eradication of Poverty by E-business

省份的发展差距？是继续沿着传统工业的路子，通过"承接东部产业转移"[①]来实现区域发展，还是通过全新的互联网经济实现"弯道取直"？

我觉得，探索这一问题是"互联网扶贫"最重要的出发点，因为所谓的贫困差距，原因出在"区位竞争逻辑"上。为什么改革开放三十多年来，东部地区一直走在经济发展的前列？这是有前提的，这个前提就是工业化发展的"中心市场模式"，即经济是围绕着"中心市场"运转的，全球发达国家在市场的中心，发展中国家在市场的边缘；中国东部地区在市场的中心，西部地区在市场的边缘。

为什么市场会呈现出"中心—边缘"特征？除了市场体制原因之外，最重要的原因在于"城市化"：大城市提供了集约化的公共服务，人们只有居住在大城市，才能享受到良好的公共服务与就业环境，才能享受办公楼、商场等大型工作、生活场所，人们逐渐向经济发达的大城市聚集，于是就形成了以城市群为核心的所谓"市场中心"。

所谓的发达城区，究其实质，不过是城市群聚集、经济增长最快的地区而已。而所谓的城市，其实就是生意的中心，是由"市场交易"所形成的"城"。哪里有市场，哪里就有繁荣的城市，哪里就会慢慢演变为资源与人才的聚集地，就会成为所谓的发达地区。

但互联网打破了这一逻辑。互联网所创造的市场在网上，淘宝这样的虚拟市场本身并不需要现实的空间，企业在互联网上竞争的并不是线下的资源，而是线上的客户。如果一家企业聚集了客户，得到客户的喜爱，那么，这样的企业通过互联网就可以实现市场交易（甚至是预售），而不需要实体商场。

[①] 承接产业转移，是指在产业转移过程中，主动做好承东启西、贯通南北的区位优势，充分发挥资源优势、巨大的发展空间和人力资源优势，积极建设综合配套改革试验区，抓住历史性重大机遇促进产业聚集，增强经济总量，提升经济质量，推进新型工业化进程。

第一部分　观察篇

举个例子。北京小米科技有限责任公司成立仅仅五年，它没有传统的实体销售渠道，没有在报纸与电视大做广告，它所做的就是聚合客户，得到客户的喜爱与信任。短短几年，小米公司的销售额就达到近千亿元。更重要的是，小米实行的是预售制，这又使其实现了零库存。

"小米模式"是非常有启发意义的，从这类公司身上，我们发现互联网企业的核心竞争力，不仅仅在于产品与制造，还有客户的聚合及其喜爱。这是一种"生活大于生意"的模式，这种模式的核心点，就在于把打广告与做渠道的钱节省下来，投入到线上与线下的活动，他们称之为"米粉"（小米产品爱好者的简称）的"同城会"。

这说明在"小米式"的粉丝经济[①]时代，东部地区的优势不再明显，相反，像贵州这样的西部地区优势立即呈现。将这一概念放在互联网的语境中，就是粉丝经济O2O（Online to Offline，线上到线下）时代的到来。

道理很简单，当一家公司最核心的资产不再是对资源的控制，而是对"粉丝"的运营，我们便可以问一个简单的问题：在网络无处不在的今天，"粉丝"们是愿意到空气清新、山清水秀、环境优美、文化多元的西部地区聚合，还是愿意到高楼林立、污染严重的东部地区去集中？

贵州黄果树瀑布世界排名第四，亚洲与中国排名第一，可以称得上是世界级的旅游风景区。然而当地政府却有两个苦恼：一是假日和旺季游人爆满，但平时游人稀少；二是游人大多是过路客，游完就走，很少有人愿意留下多待几天。

被同样问题困扰的还有贵州荔波的漳江，这个可以与九寨沟媲美的世界

[①] 粉丝经济泛指架构在粉丝和被关注者关系之上的经营性创收行为，这一概念最早产生于六间房秀场，其草根歌手在实时演艺过程中积累了大量忠实粉丝，粉丝通常会通过购买鲜花等虚拟礼物来表达对主播的喜爱。

电商消贫
Eradication of Poverty by E-business

自然遗产地、全球少有的绿色喀斯特"圣地",每年游客并不少,但也大多是"一日游",游完景区即走。事实上,国内大部分贫困地区都有这样的苦恼。

大凡贫困的地方,工业发展必定不足,而工业发展不足的地方,生态环境保护大多很好。于是,很多贫困地区就提出了旅游发展战略:大力发展旅游业,大搞旅游地产,靠优质风景吸引人流聚集和消费,带动当地经济发展。

按这一逻辑,黄果树与荔波等风景名胜地应当是最适合做旅游地产的了。事实上也正是如此,在黄果树与荔波风景区,豪华宾馆与风情小镇正在兴建或已经建成,但效果却不尽如人意。或者说,中国大多数依托风景的旅游地产,都基于一个错误的假定,那就是认为,只要有好的设施,就能让游客留下。

按全球消费规律,当人均国内生产总值超过8000美元,旅游将成为百姓常态化的生活选项。看看遍布全球主要景点的中国游客人数就可以知道,中国显然已经进入全民旅游时代。旅游经济,包括旅游地产,会得到大发展,这在战略上无疑是成立的。但是如果把旅游简单地当成景色消费,把旅游地产化,那就大错特错了。

自然景色是天然的,但自然景色实质上只可以算硬件,包括宾馆、交通以及其他服务设施都是硬件。好的硬件会吸引人来,但好的硬件并不足以让多数人留下。道理很简单,高收入往往伴随的是空气污染、环境恶化、生活压抑、工作紧张的城市化生活方式。人们出去旅游,首要的出发点是"换个活法",希望得到休闲与放松,希望体验到不同的生活方式与人际交往方式。在这一过程中,旅游的生活意义大于单纯的景色观赏。

所以,在"互联网+"时代,不发达地区要转换思路。以旅游为例,从其生活意义出发,会有以下几点重大发现:第一,"休闲娱乐"大于硬件设施;第二,"社交体验"大于自然景色;第三,"人文精神"大于商业服务。

从新思路出发,就会有很多新出路,再回到贵州黄果树瀑布的例子。为

第一部分 观察篇

什么中国山寨产品层出不穷？原因就在于中国流行着以模仿为荣的抄袭文化，而瀑布代表的正应该是与平庸的抄袭文化相反的创新文化！当贵州的黄果树瀑布周边建立起一批弘扬创新文化的"道场"，建立起一批真正体现贵州原生态、多元民族文化的风情小镇，并由此打造出全新的服务体系，吸引的会是什么类型的游客？又会有多少人留下？

更重要的是，以粉丝经济的观点看，旅游经济最大的资产是人，而不是门票，以这样的思维，黄果树风景区完全可以建立自己的"瀑布文化"粉丝平台。每年黄果树景区游客有几百万人，如果可以把这些游客经营好，不仅黄果树的资本价值会倍增，而且会对贵州其他旅游景点起到带动作用。

粉丝经济形成的背后，是中国的新型城镇化战略，而城镇化战略的重点，恰恰又是广大的中西部地区。从上面讨论的粉丝经济，我们不难得到一个结论，那就是中西部地区需要超越传统的产业发展思路，要用互联网思维积极拥抱电商时代。

一句话，传统经济的发展逻辑是生意大于生活，于是发达地区占优势。而互联网时代的发展逻辑则是生活大于生意，于是相对落后的中西部地区获得了"弯道取直"的机会，那就是打造适合生活与工作的新城镇，迎接互联网时代的"逆城市化"慢生活。

二十年前，人们经常用"孔雀东南飞"比喻人才向东部转移，那是生意大于生活的时代。在生活大于生意的互联网时代，东部的"孔雀"会往西部飞吗？

一切皆有可能。

（姜汝祥，北京大学社会学博士、锡恩咨询集团董事长）

网络经济与村镇化大势

种种迹象表明,"村镇化"进程已在中国展开。

最显著的例子是乌镇之再度兴起。明清时代极为繁荣的乌镇,进入20世纪后,伴随着沿海城市的兴起,缓慢衰落。尤其到20世纪中期,镇中工商业被政府人为抽空、压制,几乎丧失生机。但20世纪80年代以后,四周农民聚集于此,发展工商业;90年代以来,旅游业迅速发展。由此,乌镇恢复活力。在此基础上,政府确立此处为世界互联网大会永久会址,古老的乌镇一举成为最时兴的互联网产业小镇。

乌镇的例子不是个别的。目前,不少地方已仿照这一模式建设特色产业小镇。就在北京,政府已确定在房山区长沟镇建设基金小镇。北京已患上严重的"大城市病",政府积极筹划疏解北京的各种非首都功能。① 其实,不少产业确实可以外迁,而取小镇模式外迁是一个不错的选择,可保持产业之相对聚集。长沟镇有山有水的优美环境,也确实可以吸引产业从业人员迁入。

如果说,这些特色产业小镇的兴起还有较强的政府背景,那么,另外一种小镇的兴起,则纯粹是受技术和市场驱动的,此即"淘宝村"、"淘宝镇"。

在2015年12月24—25日举行的"第三届中国淘宝村高峰论坛"上,阿里研究院发布了《2015年中国淘宝村研究报告》。报告显示,2015年,全国涌现出"淘宝村"780个、"淘宝镇"71个。前不久,笔者与一批学者参访山东曹县大集镇和江苏睢宁沙集镇,所见所闻,同行者无不讶异、惊喜:一大批企业,在相对贫穷且无资源优势的两镇,借助互联网搭建的交易网络得以迅速成长。这里曾出外打工、上学、经商的人口正在回流,本地官员已经在认真地思考就地城镇化的问题。

如果我们相信互联网重塑经济社会秩序的力量,那就不能不认真地思考,人口大规模集中的城市化模式,真的是经济社会演进的必然规律吗?与之相对的"村镇化",是否可能担负起经济社会发展的重任并且效果更好?如果考虑到中国的历史文化传统,这一点简直是确凿无疑的。

实际上,这已是我们所见证的第二轮村镇化。

过去几十年,在鲜亮的城市化背后,其实一直有强劲的村镇化潜流。天

---

① 2015年2月10日,习近平总书记在中央财经领导小组第九次会议上指出,疏解北京非首都功能、推进京津冀协同发展,是一个巨大的系统工程。目标要明确,通过疏解北京非首都功能,调整经济结构和空间结构,走出一条内涵集约发展的新路子,探索出一种人口经济密集地区优化开发的模式,促进区域协调发展,形成新增长极。思路要明确,坚持改革先行,有序配套推出改革举措。方法要明确,放眼长远、从长计议,稳扎稳打、步步为营,锲而不舍、久久为功。

则经济研究所专门对此现象进行过研究。在我们的报告《小城镇，县辖市》[①]中，我们注意到两类新兴市镇：一类是20世纪80年代兴起的工商业强镇，江浙、福建、广东等地此类市镇甚多，且非常发达；另一类似乎不那么显著，但也相当重要，即90年代中期以后兴起于大城市郊区的居住区，最著名者是京冀交界之燕郊镇。

令人遗憾的是，囿于大城市中心的城市化理论，理论界和决策者对此现象缺乏深入研究，这两类市镇始终局促于现有的行政架构中，无法自由舒展。结果，工商业市镇产业升级缓慢，城郊市镇的社会文化秩序无法正常生长。尤其是后来，二者受到市、县城市化进程的挤压，到今天似已黯然失色。

中国的"网络经济"与村镇化传统

这是一个惨痛的教训，面对正在兴起的第二轮村镇化趋势，学界和决策者应当有文化和理论的自觉，也即从文化和理论两个方面，深入认识中国城镇化（或曰村镇化）的内在机理。

首先，从文化角度看，儒家文化塑造了中国人的企业家精神。自觉的中国文明起步于尧舜时代，以屈神而敬天为标志。在神面前，人是渺小的，其命运掌握在神手中。敬天，则人挺立于天地之间，由自己决定自己的生命状态。孔子伸张了这一点："一日克己复礼，天下归仁焉。为仁由己，而由人乎哉？""我欲仁，斯仁至矣。"故中国人普遍具有自主、自立、自强意识，在经济生活中，就表现为企业家精神。自古以来，中国人从来不缺少企

[①] 天则经济研究所：《小城镇，县辖市》，2014年9月12日，http://www.unirule.org.cn/uploads/2014/09/121347533374.pdf。

业家精神，人人都愿有自己的一份事业。

但这种自主，并不自大。相反，《中庸》曰："仁者，人也，亲亲为大。"仁在人之中，仁在人之际。所以，中国人重人情，以情为纽带，构造了各种类型的社会组织。中国的社会联结纽带是发自于仁心之情，此情由亲及疏，由近及远，没有边界，四海之内皆可以为兄弟，由此而形成疏密不等的人际网络，个人存生（指存在而且生生不已）于相互交织的多个网络中。在这些网络中，人们相互信任。此网络就是金融及低成本商业交易的现成基础。

同时，由于屈神而敬天，中国的国家治理早早成熟，得以维系超大规模政治共同体之凝聚，并持续扩展。因此，中国早早就有了统一的大市场，此市场是世界规模的。

再有，传统的中国社会结构也给人以充分自由。西方社会由于存在身份制，文明始终聚集于城市，城市享有特权；相应地，乡村始终是野蛮的，无文明可言。因而到近代，工业化也发生于享有特权的城市。但在中国，身份制早就被废除，城市也没有特权，人口、资源可在城乡之间双向自由流动，故城、乡大体上是贯通的。

上述种种条件均有利于经济增长，因此，自古以来，中国就有相当优秀的经济增长绩效，而且形成了鲜明的中国模式。比如村镇化，而非大城市化。

在西方，经济增长和文明的中心始终在城市，中国则不然。唐宋以来，这一点尤为明显。明清时代，中国经济已被深度卷入全球分工体系中。固然有若干城市高度发达，规模也较大，但始终不是城市一枝独秀，相反，大量工商业活动发生于村、镇，镇的作用是沟通农村与城市，农村产品由此进入全球市场。由此，经济史学者所说的中国"早期工业化"不是造就若干大城市，而是造就大量工商业强镇，前面说到的乌镇就是这方面的典型。

我们需要探索当时的生产模式。以家庭为单元的小微企业存在、活动于

电商消贫
Eradication of Poverty by E-business

庞大的交易网络中，后者提供丰富的资源选项，前者运用这些资源组织生产。这一模式效率极高，即便后来西方的大工厂也未必有能力与之竞争。根本原因在于，在其中活动的经济主体不是被动听从工厂主指挥的工人，而是具有创造精神的企业家。也即在此体系中，各种市场主体中企业家所占的比例远高于大工厂、大城市模式下的企业家占比。我们或许可以称之为"网络经济模式"。

我们不免要问，为什么会有这么一个网络？前文已有所探讨。姜奇平先生在2015年第12期《读书》杂志发表的《三生万物：复杂共同体视角中的"互联网+中国"》中也有精彩见解。在我看来，根本就在"天"和"仁"两个字上，如孔子所说，"夫仁者，己欲立而立人，己欲达而达人"，中国人在"仁"的引领下，存生于人的网络中，在其中成长并获得意义，自然地编织了各种人际网络。

凡此种种网络的节点通常布置于人口、资源相对集中的镇，由此联络分散于村庄的众多小微企业，又由此通往全球市场。这样，经由以镇为节点的信息、资源、交易网络，农民身在乡村，依然可被深度卷入全球分工交易体系中；而且是作为独立运作的企业家，而不是被动听从指挥的工人。可见，在此网络经济模式中，镇的作用十分巨大。

关于这种网络经济模式，国内经济史学大家李伯重教授有深入而细致的研究。这种分散于村镇的工业化适应了人口规模巨大的国情，其效益惠及广大农民。西方工业化时期的城市化伴随着进城农民的"无产阶级化"，明清时代中国的情形与此不同，农民未成为城市无产阶级，而是普遍成为小微企业主，自由游走于城乡之间。显然，中国是一个机会更多、财富分配更为均平的社会。

第二轮网络经济与村镇化

有人可能争论，基于网络经济模式的村镇化，不利于发生工业革命。此说实不能成立。工业革命之所以发生于英格兰——注意，不是西方，而仅仅是英格兰，乃因为诸多偶然因素的辏合。这其中最重要的一个因素是，英格兰拥有范围广阔而产业单一的海外殖民地，它需要大工厂生产，促使资源有限的英格兰企业家使用煤炭作为能源，通过能源革命而带动产业革命。这一工业革命生成的经济模式传播到英格兰以外的西方，使得欧美得以在经济上领先于中国。

我们也可以承认，西方人的宗教文化传统确实有助于大工厂形态的出现：宗教信仰使人更容易接受单一权威的统一调配和指挥，而这是现代大工厂运作的精神基础。因此，在工业化时代，欧美在生产组织方面领先于中国。

过去的一百多年，中国为寻求改变，学习西方技术，推动生产的工厂化。这就包括20世纪中期政府接受了来自欧美的"工业化—城镇化"模式：以城、乡两分为前提，强制在城市—乡村建立空间上两分的产业分工体系，市民和农民成为两种身份。这样，工业化只在城市进行，由此确实推动了大工业化进程。在此背景下，乌镇之类的传统市镇被人为地取消了工商产业。

但是，这种集中于城市、以大工厂为载体的工业化，与农村广大人口无关，注定难以为继。从20世纪70年代起，工业化重寻其动力，乃突破城乡分割藩篱，向农村迁移。由此开始了中国第二轮工业化，这一次的工业化主要发生于村、镇。事实上，明清时代曾经繁荣的市镇，再度成为本轮工业化的重镇，上文所说的工商业强镇就此出现。这其实是历史的一次回归。

但20世纪90年代中期以来，政府积极推动城市化，集中资源发展县以上的建制市。主流的"城市化—城镇化"理论似乎也认定，未来中国绝大多数人口要住在城市，工商业活动只适合在城市发展，有些学者甚至主张，城市越大，越有效率；与之相应的则是企业规模理论：企业规模越大，经济效益越好。

我们不能不从理论上认真思考，究竟什么是规模经济？主张"大工厂、大城市模式"的理论依据是规模经济，但"规模"可有两种意义：一种体现在物理意义上，资源集中于大工厂，人口集中于大城市，可称之为"硬规模"；另一种是"软规模"，也即网络规模，以及由此聚集的企业家规模。

依上文所述，中国人早早就在"网络"中了。于是，我们都看到了互联网经济在中国的超常规发展。一方面，中国人本来就有网络生产之传统。"淘宝村"、"淘宝镇"的基本运作模式正是无数小微企业存活于架构在互联网的全球性商业网络中，农民在家中就被卷入全球市场，不是作为只出力的工人，而是作为劳心又劳力的企业家，其效率焉能不高？另一方面，基于互联网的商业交易网络以极低成本贯通城、镇、乡，再加上目前高度发达的物流业，基本上可以替代城市的"规模经济"，甚至可以说比之更为高明。比如，工业化意义上的规模经济必定造成经济、财富分布的严重不均衡，甚至造成社会结构的破碎化。今天，有大量乡村和城镇人口或者到沿海工厂打工，或者流动经商，不管如何，其家庭都处在不完整的状态。而我们在"淘宝村"、"淘宝镇"看到的情形是，网络生产模式让家庭恢复完整，社会结构也恢复完整。我们已见识了社会结构破碎化的严重后果，所以这种社会结构良性变化的意义无论如何强调都不过分。

总之，新一轮网络生产方式的兴起，为村镇化创造了十分有利的条件。也就是说，互联网正在塑造经济社会秩序的雏形，让我们隐约看到了中国古老的经济社会秩序重生的可能，而这恰恰是中国可以"弯道超车"的机会。

当此之际，我们不能不对比规模经济与网络经济，重新思考中国究竟是要城市化、城镇化，还是要村镇化。至于重新思考的一大关键，在于历史的自觉、文化的自觉。由此，我们才能明白，什么样的生产方式、社会生活秩序是中国人心性所向的，循此所得到的经济方式才是高效率的。

注：本文的基本想法已成文，原以《村镇化大势隐现》为题刊于FT中文网，现在其基础上进行了大幅度补充与修改。

（姚中秋，北京航空航天大学人文与社会科学高等研究院教授）

谈谈丁楼村的新型社会结构

丁楼村位于山东省菏泽市曹县大集镇，该村总人口1107人，共300多户。丁楼村所在的曹县属于省级贫困县，其地理位置比较偏僻，村民收入一直主要来自于传统农业，生活贫困。但是，草根电商的迅速发展却让丁楼村老百姓脱贫致富，过上了不离土不离乡的新生活。

从2009年丁楼村有了第一家阿里巴巴批发店铺开始，基于村庄熟人社会关系网络，网上开店销售摄影服装的赚钱方式迅速扩展。目前，该村大部分村民都在经营淘宝店，生产和销售各种摄影服饰、表演服饰及配饰等。在2013年"首届中国淘宝村高峰论坛"上，丁楼村被授予"中国淘宝村"称号。

以网络为基础的组织形式，以及信息科技革命之间的历史勾连，催生了一个新而独特的经济系统，当代著名社会学家曼纽尔·卡斯特称之为"新经济"。互联网新技术作为新的生产力，引发了中国农村生产关系、生产方式的变革，推动了农村经济、政治、文化、社会等多方面的发展，并逐渐浮现出一种新型乡村社会结构。笔者通过对丁楼村为期 10 个月的民族志调研，初步分析了在农村新经济发展进程中，丁楼村新型社会结构的具体表现、意义及其启示。

一、新型社会结构的表现

1. 新型人口结构

新型人口结构首先表现在农村日常居住人口的增加。2009 年以前，丁楼村的青壮年劳动力大部分在外打工，2009 年开始的电商创业让丁楼村的大学生和外出务工人员陆续返村。据大集镇政府统计，2013 年以来，全镇约有 2500 多名外出务工农民、160 多名毕业大学生返乡创业。相应地，丁楼村从一个"空心村"转变为村民不离乡不离土生活和工作的新型乡村。同时，电商的发展还吸引了许多外来人口，在丁楼村就业、创业的非本村人口已达三百余人。

由于电商发展良好，丁楼村的许多女儿在出嫁之后仍然和丈夫长年生活在丁楼村，可以说，这里已经成为他们生活、工作的最佳选择。更为重要的是，基于姻亲关系的电商交流引发并加速了附近孙庄、付海、张庄等村落的电商发展。

2. 新型经济结构

收入结构。目前，丁楼村村民的收入主要有三种形式：仅做分销的淘宝店主以淘宝店的零售利润为主要收入；服装生产商的主要收入为线下批发和线上零售两部分；其他从业人员（缝纫、包装、裁缝、客服等工人）的收入来自产业中灵活就业的计件工资。形成鲜明对比的是，农业收入在农民全年收入中占比越来越小。

　　消费结构。首先，丁楼村村民最基本的消费是日常生活开支，除了衣食支出外，村民们的聚会聚餐、日常休闲活动等消费日益增多，部分家庭对于汽车、智能手机等的需求增加，总的特征是恩格尔系数逐年下降。其次，用于扩大再生产的支出占比最大，包括原材料成本、工人工资、网店设计及营销业务投入等。最后，村民在文教娱乐、交通通信和医疗保健等方面的支出大幅度增加。可以说，生产力水平的提升让丁楼村村民不断开拓新的消费领域，其消费结构在不断优化、升级。

3. 新型就业结构

　　村民们都实现了本地创业以及灵活就业。村里的年轻人基本都在经营淘宝店铺，妇女们大都在服装加工厂里就业，从事缝纫、钉扣、包装等工作。少数老人依然从事农业生产，但是他们农忙之余，也经常在服装加工厂里做一些简单的活，维持他们的日常生活开支。另外，本村的残障人士也因草根电商的发展基本实现了就业，懂电脑操作的残障人士可以在网上当客服，其他则可以做一些包装、贴花的工作。

4. 新型传播结构

　　丁楼村村民们原本以串门、街道聊天为主的交流方式，转变为以面对面的人际传播为基础、网络人际传播为重点的交流方式。目前，丁楼村几乎每个人都有一个QQ号，一个家庭一般有2—5个QQ号。服装生产商会建立公司的QQ群，方便分销商及时、便捷地获取其产品信息。同时，分销商通常会加入20—50个QQ群，通过QQ群及时地找到自己需要的产品，并与生产商议价、达成代发货的合作。

5. 新型地方治理结构

大集乡人民政府[①]在党委书记苏永忠的带领下，逐渐由管理型政府过渡到服务型政府，以适应农村新经济发展的地方治理需求。（1）成立淘宝产业发展办公室。2013年3月，新一届党委、政府班子组建后，针对电子商务这一新型农村经济发展模式，提出"伊尹故里、淘宝兴乡"的发展理念，并成立了大集乡淘宝产业发展办公室，提出"网上开店卖天下，淘宝服饰富万家"的宣传口号。2014年1月23日，大集乡党委、大集乡人民政府、共青团大集乡委员会发出《大集乡致返乡务工青年朋友的一封信》，号召外出务工的年轻人回乡创业，营造了当地发展电子商务的浓厚氛围。（2）组建电子商务（淘宝）党总支。2014年8月12日，大集乡电子商务总支部成立，其目标是"支部建在产业上，党员聚在产业上，农民富在产业上"，电子商务党总支保证了大集乡党委与大集乡从事电子商务农民的直接接触，实现对网商群体的直接覆盖。（3）牵头成立大集乡电子商务协会。2013年，在大集乡政府的牵头带动下，大集乡电子商务协会正式成立，作为政府和市场主体中间的组织，商会在促进产业健康发展方面的作用日益突显。

二、新型社会结构的意义

1. 农村新经济引发乡村社会变迁，"新乡土社会"逐渐浮现

20世纪三四十年代，费孝通提出乡土社会的理论，指出聚村而居的农民其活动范围受到生活空间的限制，他们主要依赖土地从事农业生产，村民之

[①] 2015年2月，经山东省人民政府批准，同意撤销曹县大集乡，以其原行政区域设立大集镇，镇政府驻原大集乡政府驻地。本文涉及2015年2月前的内容统一采用"大集乡"的旧称。

间是一种熟悉性的、信任的社会关系。在乡土社会里，农民是一种"不离乡不离土"的生活状态。

20世纪90年代后，在工业化、现代化和城市化的浪潮下，中国农村的青壮年劳动力选择外出就业，乡村逐渐走向"空心化"。但是，由于城乡二元结构的制约，外出务工的村民无法真正融入到城市生活中。中山大学哲学系教授吴重庆在《从熟人社会到"无主体熟人社会"》一文中，把青壮年大量离土离乡后的农村社区称为"无主体熟人社会"，社会学家则将其称为"后乡土社会"，它的主要特点是农民长期处于一种"离乡离土"的生活状态，流动性则是后乡土社会的典型表征。

进入21世纪，伴随着信息传播技术的发展，中国农村发生了一场极具颠覆性的革新，新经济让农民走向了"不离乡不离土"的新生活，笔者将这一变迁总结为"新乡土社会"的形成。新乡土社会的提法是对费孝通乡土社会理论的发展，其相同之处在于农民不再外出打工，而是回归到聚村而居的生活，实现本地就业；村民们仍旧是基于熟悉的、信任的社会关系从事着生产生活。不同之处在于农民的生产方式不再是传统的农业生产，而是农村电子商务；村民们虽然聚村而居，但是其活动范围因互联网的"脱域性"而不再受到地域限制。

2. 农民主体性提升，形成"新农民阶层"

社会阶层结构是社会结构的集中反映，新乡土社会中的农民已经演变成为"新农民阶层"。"新农民阶层"包含两方面的含义：一是新型职业农民，一是农村社会中的网商群体。目前，丁楼村村民属于后者，他们的日常生活、就业、教育学习等各方面都与新经济息息相关。"新农民阶层"的主要特征有：（1）不再属于传统意义上的农民，他们是新经济发展的主体之一，其社会地位进一步上升；（2）在新经济发展中，由于互联网的技术赋权，农民主体性更高、学习能力更强、视野更加开阔；（3）农民实现了相对充分就业，尤其是妇女、老人等弱势群体都有了用武之地；（4）他们虽然是在当地发展，但是超越时空的互联网新经济也让他们成为全球经济发展的主体之一。

3. 网状结构可以无限外链，形成开放的社会系统

荷兰学者梵·迪克指出，因组织与技术的革新而出现的社会和媒介网络的混合，形成了现代社会包容一切的网络结构。该网络结构是开放式的，能够无限扩展，个体只要能够在网络中与他人享用相同的符码，就能够作为新的节点整合进网络结构里。所以，在中国新乡土社会里，因新经济而形成的网状社会结构，让每个村民或每个家庭作为一个节点连接起来，进而充分发挥个体或者家庭的能量。

同时，一个以网络为基础的网状社会结构是具有高度活力的开放系统，能够保持不断的社会创新。调研发现，丁楼村表演服饰产业所需要的弹性生产，形成了农村网络企业与城市工业企业的分工与协作，从而救活了大量的服装加工企业。农村新经济所形成的开放社会系统逐渐将外来创业就业人员、电商服务商、生产链中的服务商等经济系统的能动者连接在一起，也将政府、业界、学界的调研以及媒体记者连接了起来。他们或强或弱地链接到丁楼村的网状社会结构中，为当地经济的发展注入了新的活力。

三、新型社会结构的启示

1. 农村新经济催生的新型社会结构有利于电商脱贫

丁楼村新型社会结构让农村贫困者及老人、妇女等弱势群体很好地融入其中，他们大部分人是在本地灵活就业，也有人从事网络销售，通过参加培

训和学习，实现了电商创收，正如《电商赋能 弱鸟高飞——电商消贫报告（2015）》一书中所说：电商消贫是以市场化的方式赋能，通过"授人以渔"的方式赋予贫困者自我发展的能力，通过"营造渔场"的方式为贫困者创业培育高效便捷的发展环境。

2015年10月23日，中央政治局常委、国务院副总理张高丽同志到菏泽曹县大集镇调研电商扶贫工作，了解了大集镇政策保障脱贫、产业扶持脱贫和自主创业脱贫情况。2014年，山东省省长郭树清同志就提出"大集经验"的说法，指出"曹县大集镇的经验表明，落后地区在工业化、信息化融合发展的条件下，也可以实现跨越式的产业进步和经营模式转型。农民群众和外出务工、上学人员中都蕴藏着巨大的创造潜力，政府要着力于营造更好的发展环境，推动新兴产业和新型业态持续、健康发展"。

2. 走向新乡土社会是中国乡村现代化发展的路径之一

接入互联网的丁楼村在中国乡村现代化发展的过程中探索出了一条适合自己的发展路径，即"农村新经济"。它不仅解决了农民的收入难题，还解决了农村剩余劳动力的就业难题，在经济、政治、文化和社会等多层面上促进了乡村的现代化发展。

更重要的是，中国更多农村的现代化之路可以借助新经济的发展模式在原有乡村空间内进行，从而避免大量农民离土离乡就业所导致的若干社会问题，让"去乡村化"的中国农村重新走向乡土社会，实现就地工作的"新乡土生活"。

（马克秀，中国传媒大学博士）

第二部分
服务篇

ERADICATION OF POVERTY
BY E-BUSINESS

电商消贫究竟该怎么做？不同的主体从不同的视角出发，有着不同的做法。在长期的消贫实践中，社会上逐渐形成了三种主体力量：一是各级政府，二是公益组织，三是市场力量。三种力量有着各自的消贫逻辑，但最终的落脚点只有一个，那就是做好对帮扶主体和贫困人群的服务。

在"服务篇"中，我们可以看到服务型政府的践行，通过做好服务支持，培育本地电商发展，最终实现扶贫消困；我们也可以看到公益组织的创新，通过组织农民合作社，尝试慕课培训，帮扶贫困群众赋能；我们看到更多的是市场力量的努力，这其中包括各类电商平台实施的电商进农村战略，培育电商生态，搭建基础设施，也包括各类服务商，借助社会化大平台，开发网货，释放溢出效应。

电商扶贫的"15字诀"

电商扶贫的政策目标是什么？我觉得不应该落在单一方向，而应是多重的复合目标。电商扶贫的政策抓手是什么？我把它归纳为5个方面15个字，或称电商扶贫"15字诀"。

电商扶贫多重的复合目标

作为创新的扶贫方式，电商扶贫与原有的扶贫开发方式相比，有其自身的特点。电商扶贫，既然要做电商，就须符合电商本身的规律。这就离不开电商的市场对接渠道、主体、产业依托和基础设施。因此，电商扶贫的政策目标，也必然体现在这些方面。

1. 要以贫困县为主体，采取整县推进的方法，以产业（包括电商创生的新产业）为依托，通过"到村到户到项目"，接入并形成持续通畅的电子商务交易通道，以电商购销对接广域大市场，突破贫困地区本地市场狭小、资源匮乏的制约，实现"卖得掉、卖得好、卖得久"和"买得到、买得对、买得省"的目标。

2. 要以精准扶贫为基础，组织动员政府、企业和社会的力量大力开展电商培训，尤其要做好对电商创业脱贫带头人、合作社、村级信息员（服务站站长或合伙人）、贫困村驻村干部的培训，让电商助贫节支增收、改善经济和社会生活的实效形成示范，激发广大贫困群众的积极性，不断提升贫困地区发展电子商务和贫困群众利用电子商务创业、就业、增收的能力和素质。

3. 要用"互联网+"、"电子商务+"的理念和方法发展本地产业，以电商大市场的用户需求为导向，加强产业开发，通过扩大网上订单、招商引资、整合资源等，发展现有产业，强化电商扶贫的产业支撑和企业（特别是龙头企业）帮扶能力，为贫困群众参与电商产业链生产、供货和服务，利用电子商务创业、就业，提供源源不断的机会。

4. 要立足于扶贫攻坚的主战场，针对贫困地区开展电子商务扶贫的实际条件和迫切需要，加大力度扎实推进当地各项基础设施建设，特别是电子商务基础设施建设，为电子商务"到村到户到项目"提供有力支撑，改善贫困地区的发展条件。

5. 以扶贫日为重要的时间节点，组织包括电商企业在内的市场资源和社会资源，共同创办、持续开展"（10·17）邀你一起来网购"的主题活动，与平时的教育和群体参与一起，培育全社会的电商扶贫意识，逐步形成电商扶贫的良好氛围。

电商扶贫的政策抓手——"15 字诀"

电商扶贫需要多元主体共同参与，其中政府担负着义不容辞的责任。政府的电商扶贫政策，要紧紧围绕加快脱贫致富的总要求，针对贫困地区农村信息化、组织化水平不高，产业分散，基础薄弱，市场混乱的现状，充分发挥市场主体、市场化电子商务渠道的作用，整合扶贫资源，构建和不断完善线上线下互动、购买销售并重，成规模、可持续、见实效的电子商务扶贫格局。

要让电商扶贫的政策落地，在实施的抓手上，一般可从以下5个方面着力。

（一）拓通道

电商扶贫与其他扶贫方式相比，最重要的区别在于前者有其特殊的着力点：产业本身固然重要，但更重要的是市场开发；本地市场固然重要，但更重要的是广域大市场；传统对接方法固然重要，但更重要的是电子商务。因此，打通、接入并保持通畅的电商市场通道，是形成交易流量、取得电商扶贫实效的前提。

鉴于农村电子商务发展的长期实践经验，拓展电商扶贫通道，要充分发挥贫困地区龙头企业和贫困群众作为市场主体的积极性和主动性，鼓励他们充分利用已有的市场化电商平台和渠道，直接对接正规供应商、采购商、服务商等合作伙伴和最终客户，不拘一格地开展网络购销活动。

鉴于目前电商交易平台呈现多元化、多样式的特点，考虑到未来移动端、微平台的发展前景，电商扶贫在通道拓展上，也需要不拘一格。只要是有利于电商扶贫上述目标实现的通道，就是可利用、应拓展的好通道。

（二）建支点

贫困市、县（区）之所以应选择整体推进的思路，在很大程度上取决于资源配置的有效性。

线上的电商交易离不开线下的配合，因此，贫困地区要为电商扶贫的开展，建立通畅商流所需的强有力的本地业务支点。

一是鼓励通过多元投入、支点复用的方式,在贫困村建立具有在线交易、代购代销功能,可发挥网货供应、草根物流节点作用的信息点,配有合格的信息员,形成可持续运营的良好机制。

二是在县级层面上,建立健全为本地电商发展和电商扶贫提供支撑的县域公共服务中心,以降低每个网商单独"打通关"的难度和交易成本。县级支点应以实效为导向,避免"有钱任性"盲目自建,要鼓励合作共用,包括在市场化电商平台和渠道上,设立本地线上交易的地方馆或本地频道。

三是乡镇一级是否设立专门的支点,可视当地经济和电子商务发展的实际情况决定,也要本着务实、管用、可持续的原则处理。

（三）育网军

按照精准扶贫的要求,以"直接到户"和"参与产业链"的电商扶贫方式为重点,结合当地产业开发的特点,面向不同类型的贫困群众和电子商务使用者,组织利用各类机构和各种资源,包括采取慕课（MOOC）在内的新型培训方式与资源,持续开展多类型、多层次的电商扶贫培训,提高他们通过电商创业和参与电商产业链就业的能力和素质。

其中,特别要重视对"领头羊"、信息员、重点帮扶对象和师资的培训,注意充分发挥社会化培训机构的作用。政府应在电商扶贫培训上加大力度,采取政府购买服务的方式,并注重对培训实效的考核。

贫困地区在电商扶贫的人才建设上,应更重视招才引智,特别是引入有经验的网商和服务商,为外来人才落户本地提供便利。

（四）强体系

一方面,加强本地电商扶贫产业和服务支撑体系建设。依托从县到村的线下支点,梳理、整合本地优势产品和服务资源,特别要结合"一村一品、一镇一业"，组织扶贫效果明显的优势产业、产品上网销售，做好支线物流，加强品控，优化服务，不断推动产业链、供应链优化，提升用户的体验。

另一方面，加强电子商务扶贫工作体系建设。电商扶贫工作量大面广，政府扶贫部门须加强领导，推动并依托市场化和公益性的机构与组织，有效开展电商扶贫工作。其中，最重要的是发挥当地电子商务协会、专业协会和本地电商主导运营服务商的作用。

（五）优环境

包括要不断优化软、硬两方面的发展环境。特别是在贫困地区探索电商扶贫"弯道超车"、"另辟蹊径"的经验，就要允许试点地区在电商扶贫政策和其他软环境上先行先试，以更优的政策环境来弥补其他资源上的不足。

优化电子商务扶贫的环境，要在社会参与、跨界合作、资源配置、政策氛围、标准体系、监管服务、质量安全、营销推广等方面下功夫，这需要多元主体共同努力。

（汪向东，中国社会科学院信息化研究中心主任）

做好政府服务，发力电商扶贫

陇南市地处甘、陕、川三省交界的秦巴山集中连片特殊贫困地区，是甘肃省贫困面最大、贫困人口最多、贫困程度最深的地区。近年来，陇南市把电子商务纳入扶贫开发工作体系当中，把农村电商作为精准扶贫的重要载体，通过网络营销和品牌培育推广帮助群众开拓市场、销售乡土产品，着力打造扶贫开发的升级版，初步探索出了一条电商扶贫的新路子。

2015年年初，国务院扶贫办将甘肃省陇南市9个贫困县区列入国家电商扶贫示范区，经过一年的努力，电商扶贫取得明显成效。截至2015年年底，全市网店数量达到8674个，全年销售额达到26.5亿元（其中线上销售8.8亿元，线下销售17.7亿元），2015年共开展培训60380人次，新增就业37676人，直接带动贫困群众人均增收430多元。电商扶贫已经成为陇南创新发展的最佳案例、群众创业创收的最新路子、宣传推介陇南的好品牌，陇南市扶贫办也因此荣获了"2015中国消除贫困创新奖"。

陇南市电商扶贫的主要做法如下：

政府搭台谋发展。市委、市政府注重运用政府"有形的手"推动电商扶贫工作，把电商扶贫纳入总体工作布局，加强顶层设计，明确发展目标，强化保障措施，配套优惠政策，健全组织机构。制定下发了《陇南市电商扶贫试点工作方案》、《关于电商扶贫试点工作的实施意见》、《关于精准扶贫电商支持计划的实施方案》和电商扶贫奖励扶持办法、考核办法等文件。我们在原有的电子商务领导小组的基础上调整成立了市、县、乡电商扶贫试点工作领导小组及办公室，配备了工作人员，专抓电商扶贫工作的落实。市、县、乡逐级建立电商协会327个，全市195个乡镇配备了201名电商扶贫专干，在450个贫困村建立电商扶贫服务点。市委、市政府主要领导亲自安排部署电商扶贫工作，逢会必讲，下乡调研必问。2015年6月份，在成县召开了全省电商扶贫现场推进会议，11月份又在西和、礼县召开了全市电商扶贫现场推进会议。全年落实电商扶贫工作经费1800多万元。工作力量的充实加强和经费保障为全市电商扶贫快速发展提供了有力支撑，也为广大网商提供全方位的服务，形成了强有力的政府推动体系，有效推动了试点工作的顺利开展。

精准扶贫建"码头"。我们选择450个建档立卡贫困村作为首批试点，开展了一村一店建设，作为电商扶贫"码头"，并通过建立网店与贫困户的利益联结机制，对建档立卡贫困户进行结对帮扶，以保护价优先收购、销售贫困户农特产品，疏通农产品上行渠道；义务为贫困户代购生产生活资料，代办缴费、购票等业务，降低其生活成本，方便他们的生活。坚持因村施策，探索出了贫困农户创业型、能人大户引领型、龙头企业带动型、乡村干部服务型的试点村电商扶贫网店建设类型和"一店带多户"、"一店带一村"以及"一店带多村"的电商扶贫模式。阿里巴巴农村电商"千县万村"计划西部第一、第二个项目落地我市武都、成县，在农产品进城和工业品下乡双向交易中实现了贫困群众增收。礼县苹果在当地一斤最多卖到2.5元，通过电

电商消贫
Eradication of Poverty by E-business

子商务网上销售，一斤可卖到 7 元。陇南的土蜂蜜原来一斤卖 20—30 元，现在通过电子商务，一斤卖到 70—80 元。同时，群众通过互联网以低于市场的价格购买生产生活用品。截至 2015 年，全市 450 个贫困村共开办网店 735 家，带动 24531 个贫困户，共计 96897 人，试点村网店销售总额达 2.53 亿元，其中建档立卡贫困户达到 5595 万元。

市场运作是根本。通过政府招商引资，市场化运营的方式，启动了陇南电子商务产业孵化园、陇南顺通电子商务物流园、陇南农产品交易中心建设项目，预计 2016 年建成投入运营。我们以解决农村物流"最后一公里"为中心，扶持邮政系统和国内大型物流企业在贫困乡村设立快递代办点，鼓励发展面向乡村的"草根物流"，积极引进物流企业在全市建设快递网点 700 多个，初步形成了"县有平台、乡（镇）有站、村有点"的物流体系，大大降低了农村网店运营成本，全市快递平均费用由每单 10 元降到了每单 6.89 元。为了加快宽带网络建设步伐，解决贫困村最后 3—5 公里互联网传输"瓶颈"问题，满足贫困村网店的互联网接入和群众的上网需求，扶贫、工信部门支持引导电信、移动、联通运营商在产业基础较好、电商基础较好的特困片区开展了电商扶贫宽带进村工程，通过对贫困村宽带接入费用进行适当补助的方式，全市行政村网络覆盖率由 2013 年的 47% 提高到 77%，为电商扶贫工作提供了有力支撑。陇南市电子商务产业孵化园成为全国电子商务综合示范基地，成县成为全国电子商务进农村综合示范县。

产业升级换代是方向。全市新发展农业特色产业 37 万亩，引进培育了大樱桃、草莓、金银花、油牡丹等一大批适合网销的农特产品。组织指导贫困群众按照行业标准生产优质产品，扶持加工企业开发、生产优质网货，建立了一批网货供应平台，为网店提供丰富充足的货源。充分发挥政府监管职能，全力开展"三品一标"[①]的颁发和质量认证工作,在建立食品安全溯源系统的同时,县区政府对取得农产品地理标志认证的陇南油橄榄、武都花椒和红芪、成县核桃、文县纹党、礼县大黄、西和半夏、康县黑木耳、两当狼牙蜜等16个系列产品及进入淘宝"特色中国·陇南馆"的网销产品做背书,并列出清单以明晰各自责任,实现了网销农产品售前、售中和售后全方位品质控制,确保陇南网货质量。通过电商扶贫,陇南特色产品"养在深闺人未识"的困境得到彻底打破,核桃、花椒、油橄榄、柿饼、樱桃、土蜂蜜、土鸡蛋等一批农产品品牌逐渐形成,当地刺绣、乡土文化产品更多地走向了大市场。同时,围绕电子商务的发展,形成了农特产品生态化生产、标准化加工、现代化流通的倒逼机制,促进了农业产业结构升级换代,加快了农业产业化进程,转变了农村经济增长方式,打破了地域空间资源配置限制,有力地提升了农业和农村经济综合竞争力。

上下联动建网军。整合现有各类培训资源,与高等院校合作建立培养基地和师资队伍,对电商扶贫管理人员、从业人员和参与人员分层次进行了培训,实现电商从业人员和管理人员培训全覆盖。按照"走出去、请进来"的培训模式,以帮扶"两后生"、建档立卡户为重点,开展针对不同层次人群的电商培训班;支持陇南师专设立了电子商务职业学院,增设了电商专业,专门培训陇南电商人才;鼓励大众创业,引导和支持农村返乡青年、未就业大学生、能人大户、合作社、企业等参与到电商发展中来,培育和扶持发展网店、网商、供应商。具体来说,对新增贫困家庭2000余名"两后生"进行电商扶贫培训,已有600多名培训后的"两后生"开办了网店,有的学员当年网店销售额超

[①] 无公害农产品、绿色食品、有机农产品和农产品地理标志统称"三品一标"。"三品一标"是政府主导的安全优质农产品公共品牌,是当前和今后一个时期内农产品生产消费的主导产品。"三品一标"是农业发展进入新阶段的战略选择,是传统农业向现代农业转变的重要标志。

电商消贫
Eradication of Poverty by E-business

过 10 万元；近期，我们开展了针对在外务工人员和在读大学生的移动电商创业活动：利用春节假期的有利时机，对返乡人员，特别是务工人员中的家政服务人员，以及在读大学生，开展移动电商创业的基本技能培训，进一步壮大电商扶贫发展主体，拓展发展空间，扩大销售渠道，推动电商扶贫提质增效。2015 年，全市开展电商扶贫培训共计 6 万多人次。

微媒助力树品牌。坚持把"新媒体营销"作为宣传推介贫困乡村特色资源，充分运用 2900 多个政务微博、377 个政务微信公众平台、385 家政务网站和众多个人微博微信组成的微媒体矩阵，宣传陇南良好生态，挖掘产品文化内涵，叫卖优质特色产品，涌现出了"核桃书记"、"爱心苹果"等成功案例。在北京召开了全国电商扶贫陇南试点新闻发布会，在陇南召开了全省电商扶贫工作现场推进会，有力地推广了陇南电商扶贫模式。特别是编印的《陇南政务微博》《陇南网店大全》两本二维码"无字书"，汇集了陇南各级各部门的政务微博、微信和全市开办的网店二维码，让"养在深闺人未识"的陇南特产走向全国，扩大了陇南特产的影响。

通过这些措施的落实，贫困乡村的优质农产品通过网络销售卖出了好价钱，卖出了好品牌。贫困群众的收入增加了，干部群众观念也得到了转变，电子商务在陇南贫困乡村的普及程度和应用水平也得到了进一步提高。近 10 位国家部委领导到陇南调研电商扶贫，14 个省市的 200 多个考察团、约 5000 多人来陇南市考察学习电商扶贫工作。陇南市有 15 人次受邀参加全国性的会议活动做汇报交流，《人民日报》、新华社、中央电视台等全国重要媒体对陇南的电商扶贫持续关注并深度报道。电商扶贫已经成为陇南扶贫开发的新业态、新模式。

（李逢春，甘肃省陇南市扶贫办党组书记、主任）

电商扶贫，NGO 大有可为

"互联网＋扶贫"的最主要代表是电商扶贫，就是以电子商务为手段，拉动网络创业和网络消费，推动贫困地区特色产品销售的一种信息化扶贫模式。我国贫困地区电子商务有着巨大的发展潜力。

当前，农村电商发展速度非常快。从网购人数和网购销售额方面来看，商务部数据显示，2014年，全国网民数量已经达到6.68亿，其中农村网民为1.78亿。农村网购用户有7714万，同比增长40.6%，农村网购规模超过1800亿，同比增长60%以上。从网购用户比例来看，农村网购用户已占农村网民的40%，未来还有很大增长空间。从区域来看，电子商务从东部地区农村迅速向中西部农村扩展，2014年移动网购消费增幅最大的100个县，有75个位于中西部。从不同性质产品的销售情况来看，电子商务从前是以工业品下乡为主，目前正在向农产品进城拓展，2015年1—9月，生鲜农产品网络零售额达到380亿元，已是去年全年水平的1.5倍。对于城市消费者，农村电商销售的农产品都可溯源，能解决他们对食品安全问题的忧虑；对于农村生产者，通

电商消贫
Eradication of Poverty by E-business

过电商，他们能够和消费者产生直接联系，从而在不增加消费者经济负担的情况下，增加自身收入。

贫困地区和贫困家庭开展电商，既有优势，也有劣势。优势包括：贫困地区的农产品纯天然、无污染、安全营养，符合消费者不断发展的消费理念，在电商市场上具有竞争力；贫困地区和贫困家庭开展电商，能够获得政府精准扶贫政策与措施的帮扶。

但是目前，贫困地区和贫困家庭开展电商也有几个不可忽视的劣势：一是物流发展现状的制约。贫困地区一般距城市较远，交通不便，物流成本较高、时间较长；二是产品非标准化问题突出，在一定程度上影响其市场竞争力；三是贫困地区群众，特别是精准扶贫的对象，普遍对互联网和电商了解不够，电商人才匮乏。这些问题都需要政府、企业及社会组织帮助加以解决。

电商扶贫需要社会的参与，每个人都可以尽自己的一份力量。政府也要考虑如何发动群众，借助全社会的力量来扶贫。

NGO是动员社会力量开展公益事业的社会组织，在组织动员人力、物力、财力参与社会救助方面具有独到的优势，是扶贫事业的一支重要力量。从国际扶贫的经验看，经济越发达的国家，其NGO就越发达，在扶贫济困中发挥的作用就越大。在中国，NGO扶贫也是重要的发展方向。"互联网+扶贫"为广大NGO深度参与扶贫提供了新的发展机遇。

近年来，在有关部门的大力推动和社会各界的积极参与下，各类志愿服务组织发展迅速，在社区建设、减灾救灾、公益慈善等领域组织开展了大量卓有成效的志愿服务活动。据统计，目前全国有40多万个志愿者组织，超过6000万登记在册的志愿者。然而，这些志愿服务组织和志愿者主要致力于开展城市服务，内容简单，形式单调。要在2020年实现全面建成小康社会，必须在全社会形成扶贫合力，尽快形成志愿服务组织和志愿者到贫困地区开展服务活动的长效机制。

笔者所在的友成企业家基金会（以下简称"友成基金会"）是经国务院批准，在民政部注册的全国性非营利社会组织。友成基金会以致力于推动社会公正和谐发展为目标，以发现和支持"新公益"领袖人才、建立跨界合作的社会创新网络支持平台为使命，通过研发、实验、资助、合作和倡导，打造新公益价值链，推动更公平、更有效和更可持续的社会生态系统的建立。

友成基金会一直走在社会组织参与电商扶贫的前列，基金会研发的"MOOC+贫困地区电子商务能力建设"项目，旨在改善贫困地区电商人才匮乏的现状，通过建立"线上+线下"的培训体系帮助贫困群众开展电商创业。线上以慕课课程平台为基础培训形式，通过直播授课及点播，帮助贫困群众学习电商基础知识及操作流程。基金会建立了"线上+线下""3+2+6培训体系"，即3天线上集中课程学习，学习后结成同伴小组，进行集中讨论；2天模拟网商环境短期实训，实训结束后进行线上考核；6个月的孵化期，根据学员在电商创业就业过程中的实际需求，提供专业的创业和就业服务。通过创新社会扶贫帮扶方式，帮助贫困群众以电商创业或参与电商产业链就业，改善其经济能力。

2015年4月，友成基金会启动了第一期贫困地区电子商务能力建设试点项目。项目以课为媒，整合电商教育资源，提供电商应用服务，孵化区域电商经济；并基于互联网平台，通过公募形式探索社会资本支持农村经济发展的新模式，完善"线上+线下"农村金融服务体系。2015年7月，首批农村电商课程上线慕课平台，24位来自电商领域的专家作为扶贫志愿者参与了课程的研发与录制。

目前，友成基金会已开始在甘肃、贵州、江西、河北四省的100个村试点电商扶贫培训。除了短期面对面的培训之外，友成基金会志愿者还通过案

电商消贫
Eradication of Poverty by E-business

例教学的方式帮助贫困地区群众学习电商知识。比如，当地农民想在网上销售自产萝卜，村里的电商工作站就会帮他在友成培训网上找到其他地区农民线上销售的纪录片。纪录片会演示卖家如何进行线上宣传，消费者如何点击、如何完成线上付款，卖家如何收款的全过程。这种网上销售农产品的纪录片在电商工作站中将达到几百种，为农民展示各类农产品的线上销售过程。这种培训与一般培训的不同之处在于，它是一种陪伴式的培训，而这种大规模的长期培训模式只能在互联网上才能实现。我们相信，在党和政府的大力推动下，友成基金会完全有信心创出民间志愿组织大规模参与扶贫的新模式。

（汤敏，国务院参事、友成企业家扶贫基金会副董事长）

用合作社破解电商扶贫"瓶颈"

"精准扶贫"已经上升为国家层面的战略,确保贫困人口到2020年如期脱贫,成为各级党委和政府的"底线性"工作。同时,剩下的贫困人口确实都是"最难啃的硬骨头了",那么,互联网能在脱贫攻坚中发挥什么作用?贫困农户参与互联网经济有哪些现实困难?如何帮助他们搭上互联网这趟"快速列车"?笔者就这些问题,结合中国扶贫基金会电商扶贫的探索与实践,做了如下思考。

一、互联网技术的发展给扶贫工作带来了全新的机遇

传统的商业模式下,贫困地区、贫困农户的农产品从生产到销售会遇到诸多困难。互联网技术的发展和应用、电子商务的发展,为农产品市场发展提供了前所未有的机遇。

市场进入方面,在原来的商业模式下,农产品从生产者到达最终的消费者手中,往往要经历层层批发,交易成本很高;而且这样的批发系统一旦建

电商消贫
Eradication of Poverty by E-business

立起来，利益逐渐固化，新的参与者想加入到这一系统中都要付出不小的额外代价。而在电子商务模式下，生产者可以直接通过网络平台进行批售，省去了大部分中间环节，极大地降低了交易成本。

市场营销方面，在原来的商业模式下，市场营销要付出很高成本，对于小规模经营的农户而言，加入批发零售体系尚且困难，更不用说直接面对终端消费者做推广了。农产品一旦交给批发商，生产者的参与几乎就结束了，消费者的体验如何、评价如何，农户是很难了解到的；很大程度上，产品卖什么价格，能销售多少，他们是无能为力的。而在移动互联网技术深刻改变了传统商业模式的今天，市场推广的壁垒也已经被打破了。生产者不仅可以直接面对消费者，而且还可以掌握消费者数据，与消费者互动，从而提升服务水平，改善消费者体验。

还有就是物流服务方面的进步。原来要把边远乡村生产的产品运到市场去是很难的。随着农村基础设施的改善，电子商务配套设施的发展，第三方物流服务网络已经遍布全国城乡。只要有好产品，并形成一定规模，物流已经不再是不可逾越的障碍。

整个商业的基础，由于互联网时代的到来彻底改变了。特别是最近几年，阿里巴巴、苏宁易购、京东商城等主流电商平台开始重视农村电商市场，投入大量资源发展农村电商；而且，各级政府部门大力进行农村电子商务基础设施建设，给农村、农业和农民带来了前所未有的发展机会，也给以贫困农村、贫困农户为主要对象的扶贫工作带来了前所未有的机遇。

二、农产品电商与电商扶贫的"瓶颈"

了解我国农村电商实际发展状况的人都知道，商业基础设施的改善只是为互联网扶贫提供了一种可能性，真正将这种可能性转化为可操作性，让贫困农户搭上互联网快车，还有很多工作要做。在我看来，目前至少还有三个"瓶颈"需要突破。

第一个就是生产规模问题。贫困地区的生产组织方式是以一家一户为单位的家庭生产，生产规模很难满足电商模式要求的产品供应量。没有一定的供应量，从市场推广、销售到物流配送等各个环节的投入和产出就没有效率，缺乏市场竞争力。

第二个是产品质量问题。农产品质量问题是个"老大难"问题，不仅给消费者带来困扰，而且也损害农民自身的利益。农产品的质量为什么不好？我们略加分析，就知道这是一个经济机制问题，而不能简单地归因于道德缺失。在现有的农产品生产流通模式下，市场的利益分配和产品定价机制往往最大限度地压低产地收购价，农民即使生产出好东西，也难以得到应有的价格来有效地维持再生产。他们为了提高收入，只能千方百计地降低生产成本、提高产量，从而导致食品安全问题频发，出现"劣币驱逐良币"的现象；反过来，消费者得不到有品质的产品，当然也不愿意支付更高的价格，于是形成低质低价的恶性循环：一方面，生产者难以获得满意的劳动收入，另一方面，消费者难以获得放心的食物。

打破这一恶性循环只能从源头入手——促使农民生产出有品质的农产品，让消费者了解它、信任它，愿意为其支付合理的价格。但是在一家一户的生产组织方式下，农户的生产缺乏监督和制约。如何让他们放弃眼前的短期利益，冒着减少收入的风险转换现有的生产方式，生产有品质的产品？这显然不是简单的道德说教可以解决的，必须建立相应的利益补偿机制。

第三个是市场推广问题。即使农户生产出来好东西，要很快得到市场认可并实现销售也并不容易。虽然电子商务打破了传统商业模式下的推广壁垒，但是随着竞争者的增加，电子商务也同样需要投入高昂的营销成本，单家独户的农民一般很难承担得起。如果没有适当的推广和营销，辅以良好的服务和体验，形成品牌和口碑，再好的农产品也很难在激烈的市场竞争中实现价值，农户也很难通过有质量的生产获得应有的回报，恶性循环仍然无法打破。

综上所述，互联网技术的发展和应用为扶贫工作提供了非常好的机会，甚至可以说是前所未有的用市场方式来解决贫困问题的大好机会。但是，在日益激烈的电商竞争环境中，如果以上三个问题不解决，农产品电商就只能是资本和精英的平台，普通农户难以直接参与并得到好处，只不过是从传统的批发商变成了电子商务运营商而已，农民还是只能以最低的价格出售自己的产品，互联网扶贫也就无法实现预期的效果。这就需要对贫困地区和贫困人口做大量细致的组织和培训工作，让农民真正建立起合作的生产组织方式，才能跨越这三个"瓶颈"形成的鸿沟，让贫困农民搭上互联网"快车"，得到实实在在的好处。

三、用合作社破解电商扶贫的"瓶颈"

现代企业制度自形成以来，极大地改变了企业组织管理和资源利用的方式。人类在最近200年间创造的物质财富超过此前几千年历史的总和，现代企业制度的创新和应用功不可没。

现代企业制度有两个基本功能：一是通过股份合作的方式，将分散的资源聚合到一起，形成规模效应，使得能力和资源有限的所有者得以参与原本不可能的投资和生意机会，而且股份合作利益共享、风险共担的机制有效分散了经营风险，极大地调动了资本的积极性和活跃度，社会资源得到最大限度的利用。二是借鉴权力分配与制约机制，辅以现代契约制度、透明的财务制度、科学的激励机制，实现企业所有权与经营权的分离。现代企业制度在保证财产所有者利益的前提下，将企业的经营权交给最有经营能力的人，实现了社会资源的最佳配置，大大提高了财富创造的效率。

现代企业制度为人与人之间、资本与资本之间的合作提供了有效的工具，使得分散的资源可以聚合起来，完成分散状态下不可能完成的任务，创造前所未有的价值和财富。

合作社就是农业的现代企业制度。贫困地区和贫困农民搭不上我国经济发展的"高速列车"，分享不到经济发展带来的好处，甚至迟迟摆脱不了贫困的处境，很大程度上就是因为其始终没有改变小农经济的生产方式，没有掌握合作生产的方法。

在以贫困村为对象的扶贫项目中，我们发现一个普遍现象：不管大村还是小村，不管是以户为单位还是以人为单位，如果给予其均等的资金扶持，最终能发展起来并改善自身贫困处境的永远只是一小部分人。这部分人是村庄的能人或精英，有能力管理和驾驭更多的资源，但受制于目前我国按个体平均分配生产资源的扶贫现状。其他大部分人要么把分得的扶贫资金直接用于消费，要么不得不硬着头皮扮演全能经营者的角色，最终由于经营不善导致扶贫资金的浪费。正因为如此，无论是自然资源还是人力资源，所有的生产要素都以最不经济、最低效的方式运行着。

正是基于这样的认识，经过十余年的不懈努力，中国扶贫基金会摸索出一条适合贫困地区的发展之路——尝试帮助项目村的村民建立合作社，即通过民主选举的方式建立理事会，再选出有能力、有奉献精神的人作为理事长。合作社把村民们组织起来，通过合理的分工，以能人带群众，使人力资源得到有效的利用；把本地资源整合起来，把外部资源与本地资源结合起来，由理事会牵头规划和选择项目，发挥当地优势开展生产。这样，以合作社机制

电商消贫
Eradication of Poverty by E-business

为基础，辅以外部的项目扶持，整个村庄的自立能力和内生能力得到提升，从而逐步实现当地经济的可持续发展。

结合近年来互联网技术的发展和应用为农村带来的机遇，基于27年的扶贫实践和12年的农村扶贫经验，以及在100多个农村社区的一线调研，在四川省雅安市长达一年的探索，中国扶贫基金会创造性摸索出"以合作社为组织基础，善品公社为统一品牌"的电商扶贫模式。中国扶贫基金会为了更好地推进"互联网＋扶贫"的实施，探索、推动农村发展及食品安全问题的解决，于2015年年初发起成立了北京中合农道农业科技有限公司（下文简称"中合农道"）。善品公社是中合农道注册并持有的商标品牌。整个体系中，善品公社发挥了"效率、品质、品牌"三大价值，并通过"互联网＋扶贫"示范县建设的创新形式充分调动了政府、社区参与的积极性。具体如下：1. 通过合作社把农民组织起来，把分散的生产要素整合起来，实现规模化的生产，解决市场规模与生产效率问题；2. 通过合作社建立社员的利益制约和激励机制，解决生产质量和利益分配问题；3. 以合作社统一管理经营为基础，提升服务水平，打造统一的农产品品牌，赢得消费者信任，实现诚信生产的价值。

作为中国扶贫基金会专门推出的电商扶贫品牌，越来越多的人看到了善品公社的价值，我们也希望更多人了解我们的实践探索，回到问题的源头和本质，和农民一起做有品质的农产品，让价格和品质互相促进，使农民获得满意的劳动收入，使消费者得到食品安全保障，实现二者的共赢。

（刘文奎，中国扶贫基金会秘书长）

电商平台扶贫的基因分析与发展愿景

互联网流行一句话:"基因是很重要的。"在电商扶贫的问题上,各大电商平台都有所行动,但因为其基因各不相同,电商扶贫的路径与模式也有区别。

苏宁:零售起家,将O2O进行到底

苏宁的零售基因非常强大,其线下门店经营能力业内有目共睹。但自从转型电商后,一路并不顺利,特别是全面实施O2O战略后,线上业务对线下业务冲击较大,一度亏损严重。不过,这两年通过破釜沉舟式的内部业务重整和苏宁超市线下"反攻"线上模式探索等举措,出现了柳暗花明的局面。在电商扶贫上,苏宁也依然在O2O基因的基础上做文章,比如推出的"双百示范工程",即未来三年在100个贫困县建设100家苏宁易购直营店或服务站,在苏宁易购上线100家"地方特色馆";除此之外,还要在线下实体

电商消贫
Eradication of Poverty by E-business

门店建设农村电商扶贫 O2O 专区，目前第一个线下的扶贫示范店已经开业；将来还准备搞贫困地区的"一村一品"、"一县一业"，即为每个村镇推广一款产品，为每个贫困县打造一个优势产业。苏宁采取的这些策略，都是与自身 O2O 的商业模式相匹配的，既有线上销售，也有实体展示，有利于体验与营销；下一步还准备开展生鲜预售、产地集采等业务，加快开放平台与物流体系，让自身优势得到进一步发挥。

阿里：强在平台，意在生态构建

众所周知，阿里巴巴走到今天，已经形成了明显的平台优势和比较完备的电商生态圈。阿里巴巴在农村电商的布局中，把生活服务的代收费、消费方面的代买、生产方面的代卖以及返乡创业扶持等融合在一起，使电商下乡、农产品进城、农民创业等目标相互促进、共同实现。同时还通过淘宝大学[1]、菜鸟网络[2]、蚂蚁金服等提供系统服务，培养人才，改善物流，做好金融服务，努力推动扶贫模式的转变——从"授人以鱼"的救济式扶贫，到"授人以渔"的开发式扶贫，再到"营造渔场"的生态打造。比如，蚂蚁金服 2014 年为 832 个国定贫困县的约 2.02 万名经营者发放贷款 29.73 亿元。截至 2015 年 9 月 30 日，阿里的"千县万村"计划已经在 22 个省份 147 个县落地，其

---

[1] 阿里巴巴集团旗下的核心教育培训部门。以帮助网商成长为己任，通过分析电商行业脉动，立足网商成长所需，整合阿里巴巴集团内外及行业内优势资源。历经多年积累和沉淀，淘宝大学已成为一个线上线下多元化、全方位的电商学习平台。
[2] 全称"菜鸟网络科技有限公司"，成立于 2013 年 5 月 28 日，由阿里巴巴集团、银泰集团联合复星集团、富春集团、申通集团、圆通集团、中通集团、韵达集团等共同组建。菜鸟网络的目标是打造一家数据驱动的社会化物流协同平台公司，像水和空气一样，成为中国商业的基础设施之一。

中包括 31 个国家级贫困县和 42 个省级贫困县。

京东：自营为王，加速向农村推进

有人说，京东就是中国的亚马逊。京东从"3C"（China Compulsory Certification，英文缩写为 CCC，中国强制性产品认证）产品的网上零售开始，到今天终于成为一个容纳百货的大型自营式电商平台，为自营 B2C（即 Business to Customer，企业到用户的电子商务模式）之翘楚。京东的扶贫活动同样是基于其自营业务的优势。比如，以四川仁寿"枇杷行"为代表的产地规模化直采，就是利用自营平台和物流体系优势把四川仁寿的枇杷销售到全国。同时，京东还加快了其平台开放速度，至 2015 年 9 月底，已经开通地方特色馆、特产店 313 家，个人网店 7.6 万家。目前已经建立县级京东帮服务店[①]1100 多家，其中贫困县就有 234 家。在农村电商的具体操作上，京东坚持"两条腿"走路：把大家电等业务独立归属于京东帮[②]，实现了售、送、装、修一体化；其他产品的销售则归属于京东县级服务中心，再在乡村设站，村级服务站招募京东推广员。目前京东推广员已经超过 10 万人，推进可谓神速。下一步，京东还会有金融方面的跟进，以形成"3F"（Factory to Country、Finance to Country、Farm to Table，即工业品进农村战略、农村金融战略和生鲜电商战略）的战略格局。

---

① 京东帮服务店是为县域及农村消费者提供代客下单以及大件商品送货、安装、维修、退换一站式服务的京东授权服务合作商。
② 京东帮是指汇集各类优质电子商务外包服务商的平台，这些服务商可为京东商城第三方入驻卖家提供个性化电子商务产品及服务，从而促进卖家经营活动的良性运行及快速发展。

一亩田：涉农电商新兵，突入农产品 B2B 领域

与前面三家相比，一亩田的发展模式明显不同。虽然一亩田也是一个电商平台，但不直接零售，而是把目光瞄准了农产品的信息撮合，致力于减少农产品销售的中间环节，推动交易电子化，从而与竞争激烈的网络零售实现了错位发展，这也显示了其独到的市场眼光。当然，因为中国农业的小生产与大市场矛盾十分突出，一亩田选择的这项事业非常艰巨，不是一两个企业可以完成的，需要长期探索和大规模投入，但是对于有效化解"卖难"意义更大。从这一点上看，一亩田的模式值得关注。当然，电商已经经历了初期的简单信息撮合阶段、支付与物流相支撑的网上直接交易阶段，正在进入金融全面渗透、产业链深度整合、线上线下加速融合的新阶段。一亩田的商业模式也必须与时俱进，可以从一个区域、一个产业、大一点的经营主体开始，逐步推进，不断锤炼直至成熟。

共同的建议：再走一走群众路线

电商扶贫从理论的提出到实践的探索，比农村电商发展的时间更短。各大电商平台的扶贫工作能做到今天这个程度已属不易，但与政府的殷切期望和农民的迫切需求相比，还有改进的空间。以下有三点建议：

一、电商平台的电商扶贫定位与政府的目标还需要进一步契合。扶贫工作进入精准扶贫阶段，最重要的是让所有贫困户增收脱贫。也就是说，现阶段扶贫工作的重点是个体农户，而不应该停留在泛泛的县域概念上。但目前的电商扶贫很大程度上只在增加农产品的对外销售、帮扶个别贫困户电商就

业创业等方面取得了相对突出的成绩，还处于起步的阶段；特别是轰轰烈烈的电商下乡，有一定的民生意义，但更多的作用表现在农村消费市场的开掘，与扶贫还有距离。如何让更多的贫困户在电商扶贫中直接受益，还需要进一步探索。

二、电商平台的业务模式需进一步满足农民的期盼。目前贫困地区的网上消费与网上销售严重不对等，阿里研究院的数据显示，2014年，832个国定贫困县在阿里零售平台上完成消费1009.05亿元，完成销售119.30亿元，其中农产品销售11.80亿元。显然，能不能在网上以好的价格把农产品卖出去，对农民而言意义重大。当然，阿里巴巴也在积极探索，比如2015年10月9日开始的国定贫困县产品推广活动。

三、电商扶贫的模式还需要进一步探索。目前的电商扶贫大多着眼于经济，与社会、生态等领域结合还不紧密。比如说，贫困地区往往是生态环境优美的地区，如何把这一环境资源优势通过互联网、电商的路径开发出来，是值得进一步思考的。同时，贫困地区的产品，特别是农特产品，面临标准化、品牌化等问题，必须进行系统性的帮扶。所以，在今后的探索中，各电商平台还应深化对电商扶贫的认识，站得更高一些，内部业务整合再深一些，业务范畴再宽一些。

同时，电商扶贫不宜急功近利，要把扶贫的公益性与电商平台的经营性结合起来，尊重市场的规律、社会的机理，鼓励更多的电商企业参与，同步加强学术研究，以期电商扶贫的理论与实践不断丰满起来。

（魏延安，共青团陕西省委农工部部长）

阿里巴巴的电商消贫实践和成果

一、阿里巴巴电商消贫的历程

阿里巴巴对于农村贫困地区的电商赋能实践，最早始于2009年"5·12"后对四川省青川县的震后援建。[①] 阿里巴巴对青川援建的核心思路，就是用商业模式扶持灾区经济发展，不仅要帮助青川人民重建家园，更要通过电商赋能，使他们具备致富脱贫的能力。阿里巴巴对青川的赋能消贫已经到了第一个七年，青川涌现出了赵海伶、王淑娟等一批优秀网商，电商生态日渐完善，快递企业从无到有，各类公益和市场主体不断涌入，淘宝特色馆、"农村淘宝"也相继开业，青川通过电商每年卖出的木耳、蜂蜜等山货超过千万元。

电子商务对于农村贫困地区的赋能脱贫作用，我们在江苏省睢宁县沙集

[①] 阿里研究院：《青川震后援建及电子商务发展调研报告》，2011年5月12日，http://www.aliresearch.com/blog/article/detail/id/12858.html。

第二部分　服务篇

镇和浙江省遂昌县这两个省级贫困县看到了更加令人兴奋的案例。[1][2] 在沙集，我们看到市场力量推动草根的崛起，大众创业、万众创新，从无到有，形成了年销售额超过 40 亿元的家具网销产业；在遂昌，我们看到通过驱动本地化电商服务商的发展，为非标准化的特色小农业探索出了一条对接电商大市场、助力县域经济发展的道路。

在沙集的消贫实践中，我们看到的是市场的力量，是草根网商的野蛮成长；在青川，我们看到的是平台的推动，从培训到营销，帮助灾区人民电商赋能；在遂昌，我们又看到了政府的有为服务，从硬件投入到政策建设，为本地网商和服务商发展提供支持。从沙集到青川，再到遂昌，电商消贫实践经历了一个从市场自发到平台、政府自觉的过程，阿里巴巴关于电子商务对农村贫困地区赋能消贫的工作脉络逐渐清晰，既从"授人以渔"的技术赋能入手，进而到"营造渔场"，帮助当地建立和完善健康的电商发展生态。

沙集模式
- 市场的力量，草根网商的野蛮成长。
- 政府和平台都是无为的。

青川模式
- 平台的推动，从培训到营销，帮助灾区人民电商赋能。

遂昌模式
- 政府有为服务，从硬件投入到政策建设，为本地网商和服务商发展提供支持。

村淘模式
- 平台和政府开始形成合力。
- 平台首次对一个独立群体在资源上倾斜和扶持。

图 1　阿里巴巴电商消贫的实践历程

---

[1] 阿里研究院：《"沙集模式"调研报告》，2011 年 4 月 22 日，http://www.aliresearch.com/blog/article/detail/id/12860.html。
[2] 阿里研究院：《"遂昌模式"研究报告》，2013 年 10 月 30 日，http://www.aliresearch.com/?m-cms-q-view-id-75620.html。

电商消贫
Eradication of Poverty by E-business

2014年10月阿里巴巴发布了农村战略，提出了"服务农民，创新农业，让农村变得更美好"的目标，计划在接下来的3—5年，拿出100亿元投入到1000个县的10万个行政村，用于当地电子商务服务体系的建设。围绕农村战略，阿里巴巴推出的"农村淘宝"模式，成为当前电商平台下乡的主流模式，其核心思路是：通过O2O的方式，在县城建立县级电子商务运营中心，在农村建立村级服务站，构筑"县—村"两级的农村电子商务服务体系，一方面打通"消费品下乡"的信息流和物流通道，另一方面探索"农产品上行"渠道，最终形成面向农民的互联网生态服务中心。农村贫困地区正是"农村淘宝"业务的重中之重。

这是阿里巴巴第一次对一个独立群体（贫困地区的农民），全方位地在资源上倾斜和扶持。在"农村淘宝"的模式中，平台力量和政府力量开始形成合力，共同激发、扶持市场的力量，从而在最短时间内开创电商扶贫的全新局面。在江西赣州、贵州铜仁、甘肃陇南，随着"农村淘宝"项目的落地，当地的电商生态开始孕育发展，价廉物美的消费品进入了乡村，优质土特产品也开始走出大山。

【案例　电商消贫的于都实践】

江西省于都县是红军长征的起点，也是阿里巴巴"农村淘宝"项目在中西部贫困地区落脚的第一个县。阿里平台和于都县政府共同推进，双方合力产生出巨大力量。28天内就建成了农村电子商务县级运营中心和数十个村级服务站，帮助当地村民开展代购代销服务。"农村淘宝"在于都的电商消贫实践，走出了一条通过培育电商生态发展，进而促进老区农民"节支—创收—增值"的消贫开发的新路子。

首先，着力开展各级电商培训。采取政府购买服务的方式，实行"引智"

工程。针对差异化的知识需求，邀请淘宝大学的电商培训教师，分别对贫困户、电商经营者、农家店主等多重主体实施"订单式"培训，提升其电商从业水平。同时，在县职业中专开设电子商务专业，加强对本土电商人才的培育。目前已培训2万余人次，其中各级领导干部3千余人次，企业主及合伙人1.6万余人次。

其次，抓住"工业品下行、助农节支"主线。紧盯"买难"，突破交通限制，打通物流渠道，整合附近农民购物需求，批量团购生活用品、生产物资、家用电器等，让农民享受购物优惠，购物支出节约25%左右。网购不仅让农民节省了往返圩镇购物的交通、就餐等费用，还使他们腾出了更多时间发展生产，达到了让群众"省时、省钱、省心"的效果。

再次，抓住"农产品上行、助农创收"主线。破题"卖难"，跨越时空障碍，采取"农民+合作社+村淘点"等模式，加强对于都脐橙、梓山酱油、盘古龙珠茶等特色农产品的包装与营销，促进了农产品品牌化、农业产业规模化，提升了农产品附加值，带来"提质、提速、提效"的效果。据统计，2015年1—5月，于都县农产品网上销售额达到1.4亿元。

接下来，"农村淘宝"还将结合于都特点，开发贷款理财、远程医疗等服务，让农民在乡村就可以享受到很好的公共服务；开发红色旅游项目，促推于都的生态环境和历史文化资源惠及当地百姓。

二、阿里巴巴电商消贫的"双核+N"体系

在具体的实践中，阿里巴巴的电商消贫工作逐渐形成了"双核+N"的战略体系。这其中，以市场为主要推动力量的"淘宝村"和以"平台+政府"为主要推动力量的"农村淘宝"构成了"双核"；阿里平台上诸多的涉农业

电商消贫
Eradication of Poverty by E-business

务,如提供商品服务的特色中国、淘宝农业、喵鲜生、产业带,提供生活服务的阿里旅行、阿里健康、支付宝,提供生产服务的淘宝农资、满天星计划,提供生态建设的淘宝大学、电商扶贫讲习所,提供电商基础设施的蚂蚁金服、菜鸟物流、云计算等,围绕"双核",共同构成了阿里巴巴"双核+N"的电商消贫战略体系。

根据阿里研究院的定义,"淘宝村"就是大量网商在农村聚集,以淘宝为主要交易平台,形成规模效应和协同效应的电子商务生态现象。"淘宝村"的主要判定标准是网商数量达到当地家庭户数的10%以上,且电子商务交易规模达到1000万元以上。截至2015年12月,全国范围内符合标准的"淘宝村"已达780个,分布在浙江、广东、江苏等17个省市区,其中在国家级贫困县河北省平乡县、曲阳县,湖北省郧西县也出现了10个"淘宝村"。780个"淘宝村"包含的活跃卖家数量超过20万家,整体带来直接就业达100万人左右。[①]"淘宝村"的核心是"大众创业、万众创新",推动力是市场激发出的草根创新力。阿里研究院2012年提出"淘宝村"概念,从2013年开始每年召开全国"淘宝村"论坛,2015年组建了"全国淘宝村联盟"[②],这些都助燃了这一农村电商的星星之火,也使得"淘宝村"从东部向中西部蔓延,数量呈几何级数增长。

阿里巴巴于2014年10月推出的"农村淘宝"模式,是阿里巴巴电商消贫战略的另外"一核"。政府和平台对于农村电商的发展需求成为其主要推

[①] 阿里研究院:《第三届淘宝村大会召开 2015年淘宝村报告发布》,2015年12月24日,http://www.aliresearch.com/blog/article/detail/id/20763.html。

[②] "全国淘宝村联盟"是由阿里研究院倡导、全国优秀"淘宝村"带头人组成的联盟组织。旨在共同探讨"淘宝村"升级发展的核心议题,解决"淘宝村"共同的难题和困惑,搭建一个好的平台,实现全国"淘宝村"信息互通、商机共享、共同发展,提升"淘宝村"的发展水平。

动力，核心是建设立足农村的电子商务服务体系，培育电商生态，完善电商基础设施，推动贫困群众对接电子商务，助其增收节支，进而改变其生产和生活方式，从物质层面和精神层面双双脱贫。

先期成长起来的"淘宝村"，通过市场力量建立的电子商务服务体系，可以帮助"农村淘宝"为村民提供更多的服务；而依托"农村淘宝"培育和建立的电商生态和基础设施，未来在贫困地区也可以产生更多的"淘宝村"；同时，"农村淘宝"还为各项涉农业务提供了落地的通道。最终形成"双核互动互促，N项业务合力服务"的电商消贫战略体系。

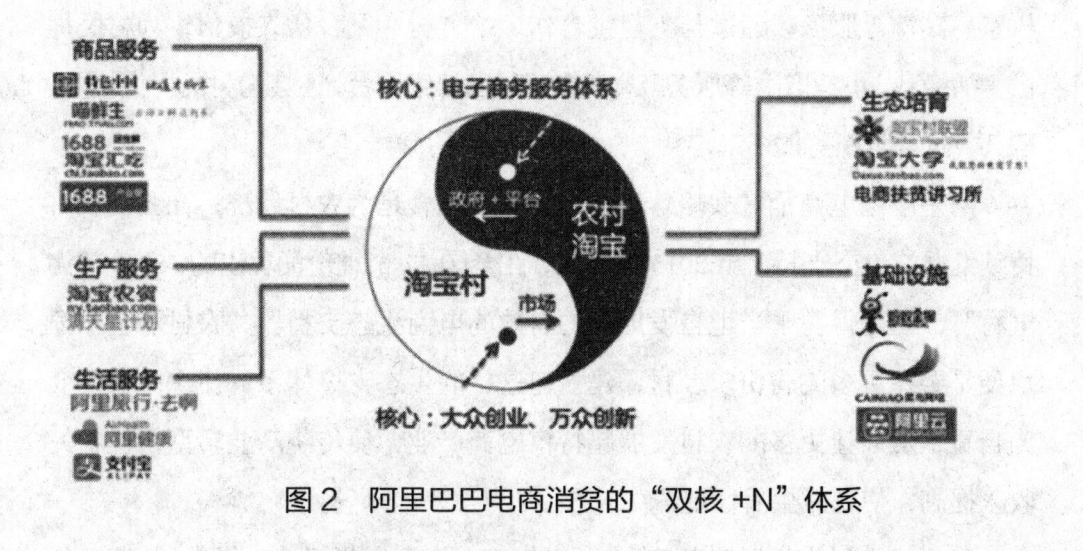

图2 阿里巴巴电商消贫的"双核+N"体系

三、阿里巴巴电商消贫的三个层面

阿里巴巴电商消贫战略的落地分为三个层面。第一个层面就是通过给贫困地区带来便捷实惠的商品和生活服务，让当地群众充分享受信息社会带来的福利。"农村淘宝"以O2O的方式，在县城建立县级运营中心，在乡村建立村级服务站，构筑"县—村"两级的农村电子商务服务体系，一方面打

电商消贫
Eradication of Poverty by E-business

通"消费品下乡"的信息流和物流通道，另一方面探索"农产品上行"渠道，最终形成面向农民的互联网生态服务中心。

截至2015年12月底，"农村淘宝"已经在25个省份269个县落地，其中包括62个国家级贫困县和73个省级贫困县，建立起了12000多个村级服务站。以这些村级服务站为主要节点，除了消费品下乡和农产品进城的双向商品服务外，依托各项涉农业务，阿里还在农村地区展开了众多生活服务的创新实践。通过与当地的移动、联通、电信等运营商合作，为村民提供充值、上网等服务；通过与"去啊"平台（阿里旅行）合作，为村民提供预订火车票、机票、宾馆等服务；通过与支付宝合作，给"村淘"合伙人授信，为村民提供生活缴费、小额取款等服务。未来依托阿里健康平台，还会为村民提供挂号、取药、远程诊断等服务。

阿里巴巴电商消贫战略落地的第二个层面，是为农村经济、社会提供可持续发展的生态支持。至2015年年底，在全国17个省份涌现出的780个"淘宝村"，正是得益于当地自发形成的有效的电商生态支持。"农村淘宝"项目便是要在更多的省份、乡村，建立起这样的生态支撑体系，使之由自发变为自觉，从而让更多的农村发展起特色电商产业，使传统产业转型，使农民收入提高，使农村生活稳定。

配合"农村淘宝"，截至2015年年底，淘宝大学已成功开办40期县长电商研修班，覆盖全国26个省份598个县，培训县级领导干部1572人。淘宝大学在全国还培养了96个人才服务商，可以协助县域传统企业转型、电商创业和创新等。"农村淘宝"在2015年5月也启动了"2.0模式"，合作伙伴从非专业的小卖部，转变成为专业化的"农村淘宝"合伙人。"农村淘宝"合伙人的选定瞄准那些思维灵活、有较强服务和宣传意识、熟悉互联网和网购的本地人，尤其是返乡青年。此举对于促进农村电商生态的健康发展、推动农村创业就业具有积极意义。据统计,"农村淘宝"现有12000名合伙人,他们的月均收入为2000—3000元,最高的达到16000元。大批的年轻人开始返乡从"商","农村淘宝"计划在未来发展10万名合伙人,他们无疑将成为农村电商生态的重要角色。

　　阿里巴巴电商消贫战略落地的第三个层面,是帮助农村建立起电商基础设施,包括交易、物流、支付、金融、云计算、数据等,为农村、农民带来丰富、创新的信息化服务。未来各类经营主体、各种创业者,都可以借助这些基础设施,在农村广阔的天地里大展身手。

　　至2015年年底,"农村淘宝"和第三方物流合作,通过补贴等手段,打通乡村物流通道;菜鸟网络搭建起"大家电配送网络",覆盖全国95%的区县,50万个村可送货入村;"满天星"项目已与全国51个县签署了合作协议,启动对当地优质农产品的溯源工作;蚂蚁金服联结了2300多家农村金融机构,服务了200多万农村电商以及数量庞大的农村支付宝用户,已为60多万家农村小微企业提供了经营性贷款,累计放贷1400多亿元;云计算也在探索农业云[①]的应用和开发,为将来的精细农业、科技农业提供基础服务。

【案例　阿克苏电商培育项目】

　　阿克苏市是杭州市的对口援疆地区,面对相对完备的基础设施,杭州市援疆指挥部希望引入电子商务,来帮助边疆各族人民脱贫致富。

　　援疆指挥部通过政府购买服务的形式,从杭州聘请了专业培训服务商,

[①] 农业云是指以云计算商业模式应用与技术(虚拟化、分布式存储和计算)为支撑,统一描述、部署异构分散的大规模农业信息服务。

电商消贫
Eradication of Poverty by E-business

2014年4—8月先后举办了四期电商培训，累计600人次受益，维吾尔族占20%。培训后效果初显，60多位受训学员在淘宝开设了网店。2014年11—12月，援疆指挥部又实施了"蒲公英"计划，来自阿克苏初创电商企业的30名骨干人才，到杭州的电商产业园进行了为期1个月的实训。当时恰逢"双十一"和"双十二"电商购物节，杭州网商们如火如荼的工作情景深深打动了新疆的学员们，大大提升了他们对电商的理解。他们回疆后又掀起了新的发展热潮。两个培训项目援疆指挥部共投入资金约100万元。

尝到了电商消贫的甜头，2015年，杭州援疆指挥部又投入500万元，用于资助阿克苏电商示范先行骨干企业、电商培训设施建设、组织当地电商培训以及选派学员赴杭实训等。他们不仅组织编写了维汉双语的培训教材，还从乌鲁木齐请来维吾尔族网商用维吾尔语授课，希望带动更多的少数民族农牧民加入到电子商务的创业和发展中来。

四、阿里巴巴电商消贫的成果

1. 阿里平台帮助贫困地区消费节支

2015年，832个国家级贫困县在阿里零售平台上共完成消费1517.61亿元，同比增长50.39%。根据我们在农村基层的调研，网上购买的商品比农村线下价格平均低20%左右，因此，贫困地区在阿里零售平台上的电商消费，为其节约支出超过300亿元。

一些互联网基础设施较好的贫困地区，通过电商释放出了可观的消费需求。除了生活资料，阿里巴巴的"农村淘宝"项目也将农业生产资料作为主要推动点，希望帮助农民，尤其是贫困地区的农民，买到优质低价的农资产品，最终形成围绕智慧农业的闭合链条。

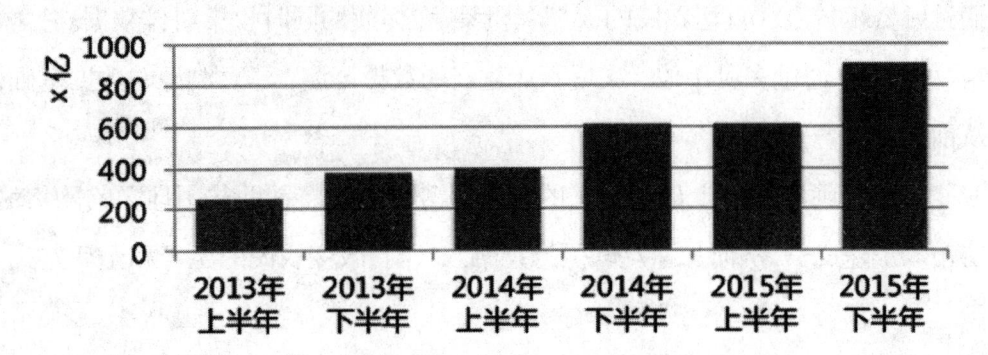

图3 2013—2015年阿里零售平台上832个国家级贫困县的买入额

表1 2015年在阿里零售平台上消费前10名的国家级贫困县

省份	城市	县域	买入额
重庆	市辖区	万州区	18.36亿
西藏	拉萨市	城关区	15.00亿
江西	赣州市	南康区	13.87亿
湖北	恩施州	恩施市	13.30亿
贵州	安顺市	西秀区	12.60亿
湖南	娄底市	新化县	11.89亿
陕西	安康市	汉滨区	9.71亿
安徽	六安市	裕安区	8.95亿
云南	昭通市	昭阳区	8.50亿
四川	广安市	广安区	8.43亿

"农村淘宝"将通过数据沉淀和溯源为农民带来值得信赖的农资产品。目前"农村淘宝"引入的化肥企业已经开始在一些区域试点，根据地理位置、土壤条件、作物特征等进行测土配肥，对土地实现精准施肥；已经引入的农

药企业，可以为农户提供作物整个生长周期的全程解决方案，掌握用药数据；通过融资租赁方式直达农民的大型农机具，在作业的同时收集耕作数据。总之，"农村淘宝"通过多种手段，实现农业生产的数据沉淀，建立溯源的数据基础，从而建立消费信任。

最终在阿里平台上建立起来的新型服务体系，将帮助贫困地区的网络消费市场加速成长，从而加速互联网意识融入农村，改变农民的生产和生活方式。

2. 阿里平台帮助贫困地区变现增收

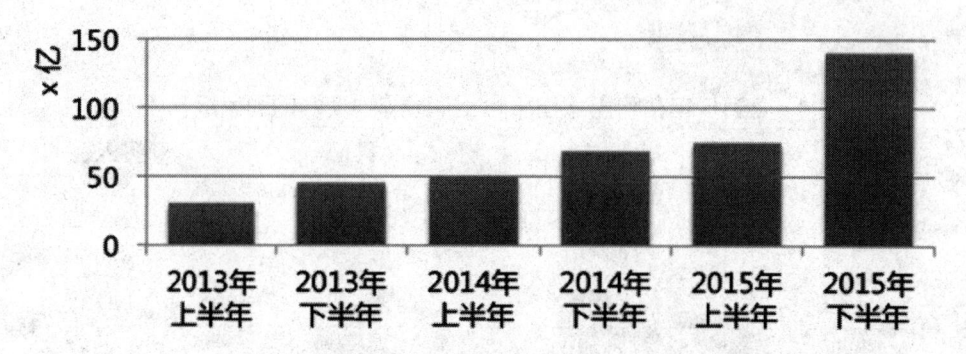

图4 2013—2015年阿里零售平台上832个国家级贫困县的卖出额

2015年832个国家级贫困县在阿里零售平台上，完成销售215.56亿元，同比增长80.69%。一些贫困地区依靠传统产业线上转型，焕发出新的生机；一些贫困地区依托本地资源，全网销售土特产品；更有一些贫困地区把握市场需求，根据需求找资源、促生产，同样实现了增收脱贫。

表2 2015年在阿里零售平台上销售前10名的国家级贫困县

省份	城市	县域	卖出额	主要产品
江西	赣州市	南康区	37.39亿	家具
河北	邢台市	平乡县	13.48亿	童车、自行车
河南	南阳市	镇平县	9.48亿	玉石
安徽	六安市	舒城县	6.64亿	童车
河北	保定市	曲阳县	2.87亿	石雕
云南	文山州	文山市	2.82亿	三七
河南	信阳市	光山县	2.79亿	羽绒服
湖北	黄冈市	蕲春县	2.70亿	温灸器
西藏	拉萨市	城关区	2.55亿	冬虫夏草
安徽	六安市	裕安区	2.43亿	绿茶

表2是2015年832个国家级贫困县在阿里零售平台上销售的前10名，我们看到南康、平乡、镇平、舒城等几个县域，已经发展起超过5亿元的网销产业，不仅直接或间接提升了当地居民的收入，并且"淘宝县"呼之欲出。

现在的贫困县大都是在过去资源驱动思维下形成的，要么没有资源，要么交通闭塞。而在表2中，我们可以发现其中贫困县思维方式的变化，即由资源驱动向资源与市场双向驱动转变。通过对接电商大平台，感知市场需求，然后去寻找资源、组织生产，从无到有地形成新型产业。

3. "农村淘宝"加速贫困地区电商发展

至2015年12月底，"农村淘宝"已经在全国25个省份269个县市上线，其中涉及国家级贫困县62个、省级贫困县73个，贫困县占比50.19%。

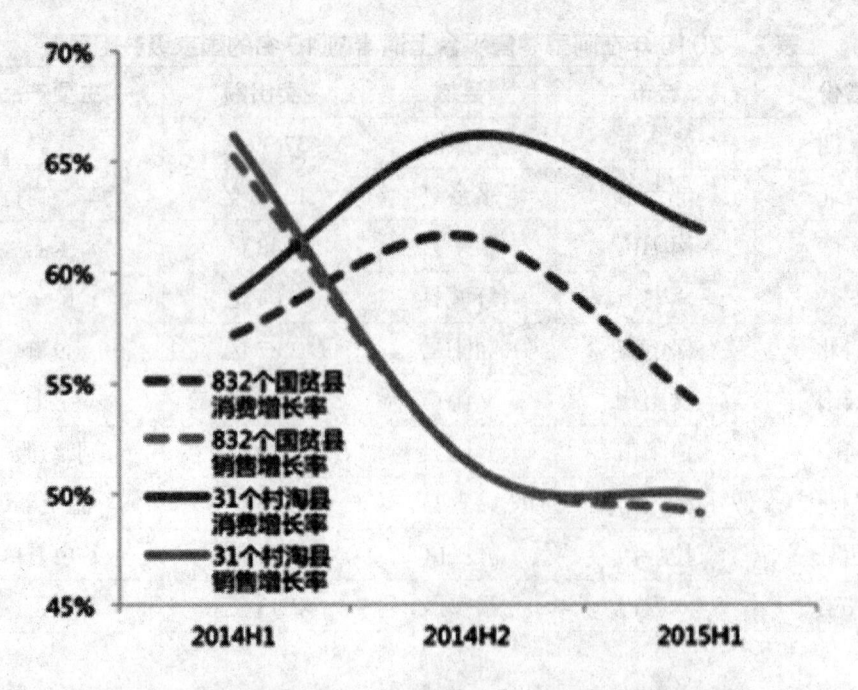

图 5 国家级贫困县加入"农村淘宝"前后电商增长率的变化

我们计算出 832 个国家级贫困县在 2014 年上半年、2014 年下半年和 2015 年上半年，在阿里零售平台上"电商消费总额"和"电商销售总额"的同比增长率（图 5 虚线），与 2015 年 9 月时已经加入"农村淘宝"的 31 个国家级贫困县的增长率（图 5 实线）进行比较，可以看到，开展"农村淘宝"的 31 个国家级贫困县，其增长率明显高出一筹，尤其是在消费方面，高出 5—8 个百分点，这与"农村淘宝"入驻后先行开展的村民代购业务密不可分。

4. 蚂蚁金服为贫困地区带来普惠金融

同阿里巴巴的农村战略一样，蚂蚁金服在农村不仅提供金融服务，还输出金融服务能力，服务农村金融机构，依靠大数据和云计算赋能农村金融机构，从而更好地支持农民、农业和农村发展。

在金融服务方面，蚂蚁金服集团2013年推出余额宝产品，以低门槛、进出灵活的优势，借助迅速普及的移动互联网，当年就对中国境内的2749个县实现了全覆盖。金融理财不再是城市有钱人的专利，农民们通过智能手机，哪怕仅是小额资金同样可以享受到理财服务。在提升农民，尤其是贫困群众财富水平的同时，也对其进行了很好的金融启蒙。

在小额贷款方面，蚂蚁金服已经联结了2300多家农村金融机构，服务了200多万农村电商以及数量庞大的农村支付宝用户，已为60万家农村小微企业提供了经营性贷款，累计放贷1400亿元。同时，蚂蚁金服的农村金融业务推出"旺农贷"产品——借助"农村淘宝"合伙人对村民的了解以及其他一些风控手段，针对不同的应用场景（耕种养殖、小微经营等），给农民提供的一款最高50万元的互联网纯信用贷款产品，无抵押，免担保。自2015年9月15日"旺农贷"正式上线以来，已覆盖山东、河北、安徽、云南、黑龙江、甘肃等17个省份65个县近800个村点，其中很大一部分是贫困地区。

2014年，来自663个国家级贫困县的经营者在蚂蚁金服平台申请了阿里小贷[①]，阿里小贷在832个国家级贫困县的覆盖率达到79.69%。这些贫困县约2.02万名经营者共贷款29.73亿元，还款29.26亿元，还款率达到98.41%。

中国人民银行副行长潘功胜曾经说过，"在农村发展微型金融，其产品不要完全基于抵押和质押的方式，而是要基于信用的方式。但是，只有微型金融，才能基于信用的角度去发放贷款。"互联网金融终于用自己的方式实现了农村金融里程碑式的突破。

---

① 即阿里小额贷款，是蚂蚁金服旗下的金融公司为会员提供的一款纯信用贷款产品，无须抵押和担保。

电商消贫
Eradication of Poverty by E-business

【案例　网商银行"旺农贷"】

2015年6月25日，作为国内首批试点的5家民营银行之一，蚂蚁金服的浙江网商银行正式开业。以帮助贫困地区农民发展生产为目标，网商银行设计了面向农村农户的互联网小额贷款产品"旺农贷"，主要为农村的种植养殖者、小微经营者提供无抵押、纯信用的小额贷款服务。从2015年9月开始，"旺农贷"在"农村淘宝"进驻的几个国家级贫困县试点，获得了贫困农户的认可和好评。

云南省宾川县贫困户王文松，因建房花去家中的大半积蓄，想贷款周转资金，满足来年开春的生产种植需求。他申请了20万元贷款，"旺农贷"批下来7万元。王文松感受颇深："'旺农贷'非常方便，和去银行贷款的紧张比起来，申请'旺农贷'很放松，能说自己想说的话。"

王文松所在村的"农村淘宝"合伙人苟玉龙对"旺农贷"进行了评价："这个产品确确实实帮助村民解决了一些问题，跟银行比起来，方便、快捷、无担保。利息虽然比银行高，但是它效率高、速度快，申请者能够快速拿到贷款。"

甘肃陇南市武都区的"农村淘宝"合伙人庞利龙也给出了反馈："对于农村种地的农民而言，有切实用途才会来贷款，我们会认真帮助客户推荐每一笔贷款。'旺农贷'可以帮助优质农户缓解资金压力，村民再也不用去找关系来解决贷款的事情了。"

5. 阿里巴巴为贫困地区孕育电商生态

（1）832个国家级贫困县中的"淘宝村"

"淘宝村"是中国农村经济和电子商务发生"核聚变"的典型产物，它有效提高了当地农民的收入，提升了农民生活幸福指数，成为拉动农村经济发展、促进农村创业和就业、缩小城乡数字鸿沟的新型渠道。

至 2015 年年底，有 7 个国家级贫困县出现了 10 个"淘宝村"，详见表 3，同时省级贫困县的"淘宝村"数量已经达到 166 个。

表 3　截至 2015 年年底 832 个国家级贫困县的"淘宝村"

省份	城市	县域	镇/街道	村
河北省	邢台市	平乡县	丰州镇	霍洪村
河北省	邢台市	平乡县	河古庙镇	高阜镇村
河北省	邢台市	平乡县	田付村乡	艾村
河北省	邢台市	平乡县	田付村乡	田付村
河北省	保定市	曲阳县	羊平镇	南村
河南省	南阳市	镇平县	石佛寺镇	石佛寺村
湖北省	十堰市	郧西县	涧池乡	下营村
吉林省	延边朝鲜族自治州	安图县	二道白河镇	长白村
江西省	赣州市	南康区	龙岭镇	龙岭
云南省	大理白族自治州	鹤庆县	草海镇	新华村

【案例　湖北郧西县的"淘宝村"】

湖北省郧西县下营村出产绿松石。2011 年，王涛、王杰兄弟回到家乡开设了村里第一家网店，通过电子商务销售绿松石。经过创业初期的艰难岁月，网店生意很快走上了正轨。网店销售额 2012 年达到 30 多万元，2013 年达到 70 多万元。

王家兄弟开网店挣钱的事，在村里很快尽人皆知；王家兄弟也很愿意把网销经验传授给村里人，给大家"带路"。随后，村民纷纷"触电"，下营村的网店如同雨后春笋般涌现。许多通过经商、考学走出去的村民和年轻人

电商消贫
Eradication of Poverty by E-business

纷纷返乡创业。同时，在下营村的带动下，相邻的涧池村和上营村的村民们也纷纷开起了网店。通过网络，村民将绿松石销售到北京、上海、西藏、广东等地，甚至卖到了新加坡等国家。

2014年，全村实现销售额3000余万元，而68家网店直接开办者的平均年龄仅为25岁，这些年轻人经常聚在一起交流探讨网络营销的知识与技巧。在当地淘宝网店的带动下，申通、圆通等物流企业纷纷在下营村设立了物流点。该村目前已形成集绿松石采购、加工、运输、销售于一体的完整产业链条。

（2）阿里平台为贫困地区培育电商人才超过30万人

至2015年年底，832个国家级贫困县在阿里零售平台上的买家数为2309万，卖家数33.21万。他们无疑会成为未来更多消贫实践的推动者和践行者，成为消贫创新的源泉。

表4 2015年阿里零售平台上国家级贫困县买家数前10名

省份	城市	县域	买家数
湖南	娄底市	新化县	41.8万
重庆	市辖区	万州区	28.7万
湖北	孝感市	大悟县	19.5万
江西	赣州市	南康区	18.6万
贵州	铜仁市	江口县	16.9万
湖北	恩施州	恩施市	15.8万
贵州	安顺市	西秀区	14.1万
陕西	安康市	汉滨区	14.0万
西藏	拉萨市	城关区	13.7万
河南	安阳市	滑县	13.6万

表5 2015年阿里零售平台上国家级贫困县卖家数前10名

省份	城市	县域	卖家数
河南	南阳市	镇平县	8470
河北	邢台市	平乡县	7530
江西	赣州市	南康区	6720
重庆	市辖区	万州区	3650
河南	安阳市	滑县	3050
河南	信阳市	光山县	2870
安徽	六安市	裕安区	2860
安徽	宿州市	砀山县	2620
安徽	六安市	舒城县	2620
湖北	恩施州	恩施市	2370

（3）"农村淘宝"合伙人：支持年轻人返乡创业

"农村淘宝"模式自2014年11月落地以来发展迅速，截至2015年年底，"农村淘宝"已覆盖全国25个省份，建立269个县级运营中心，建成12000多个村点服务站。

"农村淘宝"模式建立之初，在村点服务站的选择上，采取的是小卖部兼营的方式，即：选择村里地理位置好、店主学习能力强的小卖部作为合作伙伴，店主通过淘宝客的分佣体系获得提成。这种模式的优势在于充分利用了农村的已有商业设施，一定程度上加快了服务站的落地速度；不足之处则是小卖部的专业化程度不够，只能采取坐商、兼营的办法，制约了村点的服务效率。

2015年5月起，阿里巴巴集团启动了"农村淘宝"的"2.0模式"，合作伙伴从非专业的小卖部，转变为专业化的"农村淘宝"合伙人，阿里巴巴计划在未来发展10万名合伙人。"农村淘宝"合伙人的选取瞄准那些思维灵活、有较强服务和宣传意识、熟悉互联网和网购的本地人，尤其是返乡青年。

电商消贫
Eradication of Poverty by E-business

"农村淘宝"不仅给他们带来较高的收入，而且促使他们成为这些贫困县未来脱贫致富的关键力量。

【案例　河南滑县的合伙人招募】

河南省滑县是国家级贫困县。近年来，滑县将电子商务作为后发赶超、跨越发展的突破口，大力推动现有产业与电子商务融合发展。2015年8月5日，滑县人民政府与阿里巴巴集团正式签署战略合作协议。

阿里巴巴农村战略重在生态培育，因此，"农村淘宝"合伙人的招募就成为每一个县级运营中心的关键任务。合伙人不是简单地为村民提供网上代购，还要完成网上代卖、缴费等服务。经过6轮的筛选，最后通过考核的可以成为合伙人。阿里巴巴将为通过考核的合伙人提供必要的办公设备，并对其进行人才成长培训。

滑县"农村淘宝"项目启动以来，县政府与阿里巴巴共同进行宣传推广、招募和项目设施建设。"农村淘宝"合伙人的招募中，县政府除了使用社交媒体广泛传播外，还特意在上海、广州和深圳等地的强势媒体上投放广告，号召滑县籍年轻人返乡创业。结果在只有120个合伙人招募名额的情况下，涌回了5749名年轻人报名。最终，没有入选的年轻人也都被引入到县里的电商产业园，县政府通过培训等方式引导他们继续电子商务创业之路。

2015年8月25日，阿里巴巴"农村淘宝"滑县服务中心正式开业运营，当日，该县首批43个村级服务站全部投入运营，出单量达3505单，创下阿里巴巴"农村淘宝"河南区日单量的最高纪录。

6. 电商消贫帮扶特殊人群

阿里巴巴确信社会责任对企业不是负担，在每一家企业的商业模式中，都可以找到自身与社会责任的结合点；同时阿里巴巴坚信，企业社会责任应内生于企业的商业模式，唯其如此，才能实现自身的可持续发展。因此，阿里巴巴很早就开始尝试用电商帮助特殊弱势群体，电商消贫的脉络也是在这些尝试中逐渐清晰的。同时，平台共享出的协同与服务也使得更多有情怀的网商、服务商得以加入到这场消贫实践中来，弱势群体借助电商得以自立自强，脱贫致富。

（1）电商消贫帮助少数民族

西部少数民族地区多是我国连片的贫困地区，但同时，这些地区都有着独特的自然资源（包括优质物产或优美风光），过去因为交通条件落后、流通基础设施欠缺，这些独特资源往往无法变现，导致当地长期处于贫困状态。通过阿里平台众多网商及服务商的努力，近年来电商消贫在少数民族地区开花结果，新疆、宁夏、贵州等地均涌现出了少数民族电商脱贫的案例。

【案例　维吉达尼：民族地区的电商扶贫实践】

在贫困地区中，一类地区的贫困源于资源贫乏，当地确实没有可经营的资源；另一类地区尽管有着丰厚的资源，但交通条件制约了产品的正常流转，销售不畅反过来又伤害了生产者的积极性，陷入恶性循环。新疆地区，尤其是南疆贫困地区，显然属于后者，丰厚的资源优势与落后的流通体系之间的矛盾使农民不能通过市场获取应有的收入，最终形成贫困。

2011年，4位援疆青年在南疆喀什邂逅了维吾尔族小伙阿穆。他们发现当地农户家的土特产因缺乏销售渠道而滞销，于是，决定帮助这些农民在互联网上销售农产品。2012年3月，几位援疆青年创立了维吉达尼电子商务公司。维吉达尼组织农户成立了农民专业合作社，通过电子商务，将结合传统自然农法和现代生态农业技法生产出来的新疆农产品卖到全国各地。

因为对农产品的品质有较高要求，维吉达尼收购农产品的价格往往比市

电商消贫
Eradication of Poverty by E-business

场价要高出5—7元，通过加入合作社，维吾尔族农户的收入增加了；通过参加合作社的农业技术培训，农户自身的生产能力也得到了极大的提升。目前，维吉达尼农民合作社在新疆已经拥有2000家合作农户、30多个收购点。此外，维吉达尼在喀什、深圳、吐鲁番均建立起了运营团队。

维吉达尼的案例将电子商务赋能的概念进一步延伸。在西部民族地区，要像沙集模式那样，让每一家农户都成为直接对接互联网大市场的主体，显然是有困难的，除了数字鸿沟，还有语言障碍。在这种情况下，维吉达尼通过成立合作社把新疆多地的农户组织起来，为他们提供销售服务，并对产品进行专业化营销，形成了新的赋能形式。同时，多地、多种类产品的混合经营，也保证了网店信用不受季节等因素影响。

在多民族、多文化区域，维吉达尼为电子商务赋能提供了一条新的道路。

（2）电商消贫帮助留守人群

随着我国城镇化的发展，贫困地区的青壮年纷纷离乡进城，农村形成一个以妇女、老人和孩子为主体的留守群体，电商的分享溢出效应也给这类群体带来了发展的机会。电商的分享溢出效应，就是随着电商的规模化发展，在一定地域内形成良性的市场生态，留守人群可以通过参与电商产业链，获得发展机会；即便没有直接或间接参与电商产业链，也可以从中分享发展成果。近年来，借助阿里巴巴平台，在山东曹县、江西宁都等县域，我们均看到留守的妇女及老人加入电商产业链，分享电商产业的发展成果，使生活得到极大改善。

（3）电商消贫帮助残障人士

残障人士因为身体障碍，失去了在传统领域工作的能力，电商消贫为残障人士提供了新的上升通道。网络创业和就业突破了传统招聘用人的条件限制，为残障人士提供了公平的发展平台，带来了更多的发展机会。有的残障人士通过培训学习，掌握了电子商务的知识和技术，通过成功创业找到了自己的社会价值。近年来，在阿里平台上，涌现出了孟宏伟、邹阿姨、油桃妹、张攒劲等众多电商创业、自强自立的典型。

（4）电商消贫帮助"魔豆妈妈"

"魔豆妈妈"原指淘宝"魔豆宝宝小屋"店铺的主人周丽红。她身患癌症却仍然自强不息地在网上开店，用网店收入抚养女儿。后来，"魔豆妈妈"泛指接受"魔豆宝宝爱心工程"救助的身处逆境但仍然积极向上的母亲。

中国红十字会、淘宝网等单位联合发起"魔豆宝宝爱心工程"，在全国多个城市寻找生活困难而意志坚强的母亲——"魔豆妈妈"。它为身处困境的母亲提供资金支持、电脑捐赠、系统培训、创业辅导等系统援助，帮助她们在淘宝上创业就业，获得可以维持正常生活的稳定收入。

2011年，"魔豆宝宝爱心工程"的升级项目——"魔豆爱心工程"，荣获由民政部颁发的政府最高慈善奖项"中华慈善奖"。截至2014年年底，"魔豆爱心工程"已经帮助了868位母亲，"魔豆"2014年全年交易额共计1900万元，有交易记录的店铺数为413家，店均年交易额46000元，其中年交易额在10万元以上的店铺有44家。

四、阿里巴巴电商消贫的全球化视野

2015年8月，联合国193个会员国就2015年后发展议程达成一致，重点之一即"消除贫困和饥饿，促进经济增长"。2015年减贫与发展高层论坛上，习近平主席提出倡仪"在未来15年内彻底消除极端贫困，将每天收入不足1.25美元的人数降至零"。作为一个世界大国，中国必须承担起这个责任。

2013年，习近平主席就提出建设"新丝绸之路经济带"和"21世纪海上丝绸之路"的战略构想，即"一带一路"战略，其目标就是推进国际经济合作，

电商消贫
Eradication of Poverty by E-business

实现共同发展、共同繁荣。

2014年,阿里巴巴集团发布了农村电商、大数据和全球化的企业战略,将其在中国农村的消贫发展目标。与全球化的使命愿景相结合。阿里巴巴希望把在中国贫困地区的电商消贫经验,通过培训、生态培育等方式,向全世界更多国家赋能推广,推进国际消贫。

阿里巴巴电商消贫的全球化视野主要表现在两个方面:

一是帮助中国农民,尤其是贫困地区的农民,对接全球化趋势,让他们了解世界,也让世界了解他们。通过"农村淘宝"搭建的电商服务体系,贫困地区的农民开始享受到国际优质的商品及服务,同时,促使他们的思维方式得到相应的拓展;通过涉农研究成果的对外输出、与国外机构进行合作研究等多种方式,让世界了解中国农村电子商务。

二是对外输出电商消贫的商业模式,推进国际消贫实践。"一带一路"沿线的65个国家里,大部分都是欠发达国家,贫困人口众多。尤其是东南亚、南亚等沿线国家,无论是农民居住密度、农业生产方式,还是农村基础设施现状等,都与中国相似。我们在电商消贫上的成功经验,完全可以复制推广到这些国家和地区,"授人以渔",而后"营造渔场",实现经济的共同发展。我们向贫困国家和地区提供的,将不再仅仅是资金援助、产业

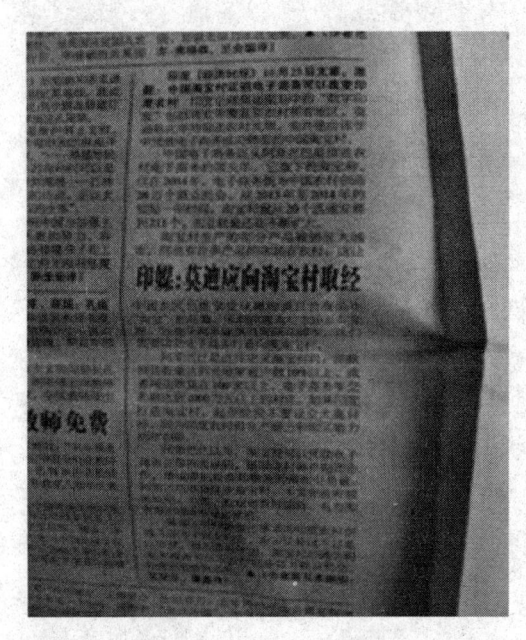

图6 印媒呼吁学习中国"淘宝村"经验(见2015年10月26日《环球时报》)

援助和人员援助，还将包括一整套新经济思维下自立自强的商业模式。

附：阿里巴巴集团电商消贫大事记

2009年3月29日，阿里巴巴集团总裁马云来到青川，承诺阿里要在青川坚持做七年的震后援建。2009年12月18日，阿里巴巴集团与青川县政府签署"七年合作"备忘录，共同推进青川电子商务发展。

2011年12月22日，阿里巴巴公益基金会正式成立。

2013年7月31日，阿里巴巴公益基金会捐助500万元救助贫困家庭先天性心脏病患儿。

2013年9月13日，阿里农村电商讲习所在甘肃成县开班，后陆续在吉林通榆、陕西武功等贫困县开班，为这些县域开展电商扶贫工作奠定基础。

2013年10月16日，阿里巴巴集团荣获"第四届中国消除贫困奖"创新奖。

2014年10月13日，阿里巴巴集团宣布，启动"千县万村"计划，在3—5年内投资100亿元，建立1000个县级运营中心和10万个村级服务站。

2014年11月24日，阿里巴巴集团与甘肃省人民政府签署战略合作协议。

2015年11月3日，阿里巴巴集团与河北省人民政府签署"互联网+扶贫"合作备忘录。马云提出"电商消贫要用公益的心态、商业的手法，不能倒过来"。

2015年11月18日，阿里巴巴集团与河南省济源市人民政府签署扶贫合作协议。

2016年3月5日，阿里巴巴集团与河南省光山县人民政府签订战略合作协议，宣布将在消贫脱贫领域开展深度合作。

（张瑞东，阿里研究院高级专家）

苏宁电商扶贫的"四个当地"

5天,60万斤蜜柚销售一空。2016年新年伊始,面对滞销的凤凰蜜柚,苏宁易购"大聚惠"①发起的"拯救凤凰蜜柚"行动,为电商精准扶贫提供了新的案例。在过去的2015年,石门大枣、从化荔枝、赣南脐橙、云南红米等多种农特产品,纷纷在苏宁的搭桥牵线下"触网"热销。

当然,苏宁的扶贫探索不局限于此。从扶贫示范店的落地、线下物流网络的铺设,到滞销农产品的推广销售、线上中华特色馆的开设,秉承"四个当地"的苏宁O2O模式,在扶贫模式从"输血式"向"造血式"的转变中,成为精准扶贫的新抓手。

---

① "大聚惠"是由苏宁易购官方为用户提供的爆款商品平台,并承诺所有商品均为正品行货,保证商品的专业售后。

"拯救行动"，为农特产品插上"互联网的翅膀"

2015年冬天，湖南省湘西州凤凰县菖蒲塘村的农民们，体验了一番坐过山车般的滋味。

菖蒲塘村的蜜柚喜获丰收，村民们却怎么也乐不起来。原来，2015年全国蜜柚大丰收，外地早产的柚子提前抢占了市场，导致凤凰蜜柚滞销。看着挂满枝头的果实，忙活了一年的村民心里像压了一块大石头。

经过调研，苏宁易购的工作人员发现，凤凰蜜柚的生产环境特殊，因为花期长，10月结一果，因而皮薄汁多，酸甜适中，口感清爽宜人。2013年，习近平总书记到湘西调研时还曾为凤凰蜜柚"点赞"。考虑到凤凰蜜柚的独特优势，再加上时逢电商"超级年货节"，苏宁易购"大聚惠"立即开启了凤凰蜜柚的预售活动，为饱受滞销之苦的农民们排忧解难。

1月9日凌晨，凤凰蜜柚在"大聚惠"正式开售。苏宁易购给予凤凰蜜柚重点流量支持，通过PC端、移动端、门店端三个重要端口进行曝光，在"大聚惠"频道首页及全网重要位置导入精准流量。截至1月14日，前期预售加上5天"大聚惠"的销售，共卖出60万斤凤凰蜜柚，凤凰蜜柚这个品牌也在全国打响。

这是菖蒲塘村的农民们未曾想到过的。苏宁主导的"互联网+扶贫"举措，让他们感受到了电商的力量。

在过去的2015年，甘肃省白银市靖远县石门乡的枣农们，和菖蒲塘村农民一样，也经历了大枣滞销的难题。苏宁易购联手当地商务部门、媒体、爱心企业等，多方联动，组织线上线下义卖活动。只用了6天时间，35万斤石门大枣被成功销往全国各地。

电商消贫
Eradication of Poverty by E-business

在此之前，苏宁易购已多次开展农产品的"拯救行动"，推广了赣南脐橙、从化荔枝、云南红米等单品。农特产品插上"互联网的翅膀"后，销路广了，销量涨了，农民最担心的滞销难题得到了解决，城市居民也尝到了最地道的农特产品。如此精准扶贫，可以说是一举多得。

签署扶贫协议，苏宁成了国务院扶贫办的"小伙伴"

无论是"拯救凤凰蜜柚"，还是推广石门大枣，利用互联网帮助农民解决农特产品销售难的问题，只是苏宁开展电商扶贫的一部分。除此之外，苏宁还从积极响应政府政策、布局农村市场基础设施建设、加快农村电商人才培训等方面入手，全面投身扶贫攻坚战。

2015年11月27—28日，中央扶贫开发工作会议提出，确保到2020年所有贫困地区和贫困人口一道迈入全面小康社会。随着脱贫攻坚战"冲锋号"的响起，"电商＋扶贫"的组合被外界寄予厚望。

电商企业也越来越看重农村市场，以己之长投身扶贫，无疑成为彰显企业社会责任和实现多方共赢的新机遇。

2015年9月25日，苏宁和国务院扶贫办在北京签署了全国农村电商扶贫战略合作框架协议。根据协议内容，双方将在"电商扶贫双百示范行动"、电商扶贫O2O展销专区、"10·17扶贫购物节"、农村电商人才培养四个方面展开合作。该协议的签署，将惠及全国约104个贫困区县、1万余个贫困村、234多万农村贫困家庭和761万贫困人口。

国务院扶贫办副主任洪天云表示，苏宁是与国务院扶贫办签署电商扶贫战略合作框架协议的首家社会企业，合作有助于"创新完善人人皆愿为、人人皆可为、人人皆能为的社会扶贫参与机制，形成政府、市场、社会协同推进的大扶贫格局"①。

线下直营店、线上特色馆，O2O 扶贫模式被"点赞"

与国务院扶贫办签署协议仅仅十余天后，2015 年 10 月 11 日，全国首家"电商扶贫—苏宁示范店"在北京苏宁易购联想桥云店内开业。甘肃陇南、云南红河、宁夏银川、湖南湘西、湖北黄冈等 10 个重点贫困地区的 200 多种地方优质农副产品在店内展出。

扶贫示范店开业一周后，苏宁和国务院扶贫办共同打造的"10·17 扶贫购物节"上线，发起了农副产品众筹、"一元秒杀"、"8.9 元起售"等活动。这成为苏宁易购线上平台配合线下扶贫示范店开辟的又一扶贫"战场"。

在"电商扶贫双百示范行动"中，未来三年，苏宁将在 100 个适合发展农村电商的贫困县建设 100 家直营店和服务站，并相应在苏宁易购上线 100 家地方特色馆，促进农副产品、民族手工艺品、旅游产品等上网、进城。地方特色馆的上线，有利于推动农产品上行，使得各地农特产品走向全国市场。2015 年 6—11 月，清远地方特产专营店的生鲜鸡、远山旗舰店的龙眼干、湘西特色馆专营店的腊肉等占据农特产品销售量的前三名，销售额均超过 1000 万元。

要想富，先修路。电商扶贫，物流是至关重要的"路"。苏宁深耕物流十几年，目前在全国已经拥有 400 多万平方米的物流基地，构建了深度覆盖全国的物流网络。另外，苏宁还借助直营店的建设及新运力模式开发，为农产品销售打通物流渠道。

---

① 即 2014 年 12 月 4 日国务院办公厅《关于进一步动员社会各方面力量参与扶贫开发的意见》中提出的总体要求。

电商消贫
Eradication of Poverty by E-business

2015年首届"全国大众创业万众创新活动周"上,以"苏宁电商扶贫创业行动"为主题的电商扶贫创新案例,集中展示了苏宁通过O2O渠道,扩大贫困地区优质农副产品销售市场,通过分享物流、数据及金融资源,扶持农村电商发展的"互联网+扶贫"新模式。国务院副总理张高丽参观后评价,"在扶贫方面,做得比较成功的就是苏宁",充分肯定了大型企业搭建平台扶贫的新模式。

"四个当地"获认可,苏宁要为年轻村民赋能

在培养电商人才、带动年轻人回乡创业方面,苏宁的表现同样可圈可点。

现年26岁的刘春辉,是苏宁设在广西的首个易购直营店的店长。2015年3月,他从广州辞职,回到家乡玉林陆川县,在家门口做起了店长。刘春辉说,在外打工时,自己是个"月光族";现在,他回到父母身边,每月收入近万,算得上县城里的"高富帅"。

据统计,苏宁易购直营店80%以上的店长是回乡的"80后"、"90后",直营店的薪资采用的是合伙人制,按经营成果分成,店长们每月薪资收入在10000元左右。电商扶贫,苏宁要做的就是为年轻村民赋能,为他们提供在当地创业创新的机会。

为年轻村民赋能,只是苏宁电商扶贫"四个当地"其中之一。所谓"四个当地",具体是指苏宁开设在各地的直营店和分公司,实现了销售在当地、服务在当地、纳税在当地和就业在当地。

2016年1月15日,湖南省人民政府与苏宁控股集团在长沙签订了战略合作框架协议。在谈及"互联网+扶贫"领域的合作时,湖南省省委书记徐守盛表示,希望苏宁云商可以利用互联网连接千家万户,让湖南的老百姓也

可以共享互联网发展红利。这样的愿景，并不遥远。苏宁在湖南已建起强大的物流体系，2016年还将建设60家苏宁易购直营店，发展3000名乡村电商代理员，开展100000人次的电商培训，完成所有地级市中华特色馆的上线工作。

在甘肃，苏宁在平台下沉、农村商户上线、互联网应用培训、营销能力及人才孵化等方面，与当地政府达成全面合作计划，推动实现销售、服务、税收、就业的本地化。"积极推动苏宁云商本地发展模式，扶持具有甘肃地方特色、服务地方经济社会发展的电商品牌，力争电子商务交易规模增长30%以上。"在2016年甘肃省《政府工作报告》中，苏宁立足当地的扶贫之道被视为可以复制的发展模式，得到甘肃省政府的认可和推广。

规划2016，定位精准扶贫新抓手

经历6年互联网转型的苏宁，积极响应国家号召，融合企业优势与政策要求，向农村市场开放零售CPU（Central Processing Unit，中央处理器）能力，为国家精准扶贫提供重要抓手。

那么，苏宁将如何扮演好扶贫抓手的角色，为贫困地区和贫困人口创造财富呢？按照规划，2016年，苏宁将继续保持高标准、高效率的开店速度，在三线、四线城市再布局1500家直营店。未来5年，这个数字将超过10000家，覆盖全国1/4的乡镇。这将彻底打通"最后一公里"，抢占"最后一百米"，实现农村市场的全方位网络覆盖。同时，线上特色馆也会在现有基础上再开设百余家。这些都将成为苏宁在扶贫攻坚战中向贫困开战的进攻集群。

电商扶贫，苏宁要做的是打造农村电商生态。苏宁云商副董事长孙为民

电商消贫
Eradication of Poverty by E-business

表示，脱贫致富是扶贫工作的终极目标，不能只停留在其中的某一个环节，而是要通过零售能力的输出，打通"造血式"扶贫全流程。苏宁的互联网扶贫模式，是为一个贫困村镇推广一款特色农产品，为一个贫困县打造一个优势产业，多产业联动带动当地产业集群发展，多渠道配合解决销售问题，逐渐形成立足当地的特色化、精准化、社会化、产业化的电商扶贫思路，真正实现精准扶贫、脱贫。

（苏宁企业研究院）

以品牌为核心，实现协同消贫

2015年，我和华能集团的唐凯先生为横山县等多地制定了品牌战略规划，我更在多种场合强调"以品牌为核心，实现协同消贫"的观点。这并非是跟风，或无谓的标新立异，而是我根据这些年在农业品牌方面的研究与实践得出的重要结论。

一、何为"品牌消贫"

我所指的"品牌消贫"，是通过为贫困地区培养品牌人才、设计品牌战略规划、扶持其打造农产品区域公用品牌[①]等方式，实现普惠式产品溢价[②]，提升区域经济价值，提高农民精神气质与创新水平，以达到最终消除贫困的目的。

二、品牌消贫的价值

（一）改变落后观念，选择有效战略

消除贫困，首先需要改变落后观念、选择有效战略。

21世纪的世界与中国，已处于品牌消费的市场环境。品牌战略，是21世纪竞争的制胜法宝，也是我国转变经济增长方式、社会发展方式的重要战略。我国的贫困地区，同样面临着观念转变、战略转型的重大抉择。在新的竞争环境中，借助品牌战略，提升区域形象，提高区域及其产业的资源价值，提升产业及产品的溢价空间，才能达到降低成本、保护生态、长效发展的目的。

（二）消除资源浪费，创造品牌溢价

消除贫困，需要追问贫困缘由、挖掘新的生机。

一直以来，中国多数贫困地区普遍存在着产品丰富但品牌弱少的问题。它们一般地处边陲或高原腹地，多有丰富的物种资源、传统农耕文化资源、区域特色自然资源，但其区域及各类产业、产品的品牌化程度极低。这些地

---

① 农产品区域公用品牌是指在一个具有特定的自然环境、人文历史或生产加工历史的区域内，由相关组织注册和管理，并授权若干农业生产经营者共同使用的农产品品牌。该类农产品品牌一般由产地名和产品（类别）名构成，体现为集体商标、证明商标或取得国家区域产品保护制度注册确认的品牌类型。参见农业部优质农产品开发服务中心2013年《关于开展农业品牌调查的通知》。

② 产品溢价是指在正常市场竞争条件下，比市场销售价高出的那部分价格。

区绝大多数的产品被大面积低价出售,这种现象即便是在农村电商飞速发展的今天依然存在。这不仅造成了区域独特资源的大量浪费,更是中国农村贫困的主要原因之一。

品牌消贫,可以借助品牌战略提升贫困地区产品的产业价值,提高区域及其相关产业的品牌化程度,创造品牌溢价,提高农民收益。

(三)科学精准扶贫,实现多元消贫

实施品牌消贫,利用品牌知识培训、农产品区域公用品牌战略规划设计与指导、企业品牌创建、人才培养及机制建设等,可以提高以品牌为核心标志的农业现代化程度,同时可以改变贫困地区落后的、以生产为导向的执政理念与方法,有效提高区域资源管理水平;提升企业、合作社以及农户的品牌管理能力、市场竞争水平。

更重要的是,品牌建设在挖掘区域文脉的同时,有助于提升贫困地区的整体精神特质、文化气质,再造中国乡村的文明。从这一层面看,品牌消贫不仅可以消除贫困地区人民的物质贫困、经济贫困,而且能够消除其精神贫困。

(四)多方协同消贫,高效互动整合

品牌战略是基于实体经济、资源体系、消费关系而形成的差异化、个性化战略。其创建过程必须协同利用物质、资本、知识、科技、文化等各种资源,因此,品牌消贫可以起到整合多种消贫方式协同作战、资源优化、合力共赢的消贫效果,这是其他消贫路径与方法无法实现的。电商消贫虽然能够打破时空限制,拓宽销售渠道,借助互联网赋能贫困地区的老百姓,但始终不能在更高层面上整合区域资源,形成区域内各界组织与人士群策群力,区域品牌与企业(产品)品牌互动发展、共振共赢的新型竞争矩阵。"三只松鼠"等互联网品牌的成功案例证明,以品牌化为引领的电商化,不仅能够增加销量,

更能实现品牌溢价；浙江"丽水山耕"品牌的电商化证明，打造区域公用品牌，实施以品牌化为核心的电商化，在协同作战中，以品牌赋魂，以电商赋能，双轮驱动，有助于赢得更多的溢价可能和更长远的经济效益。

三、品牌消贫的具体举措

品牌消贫的具体举措可以有多种，已经由实践证明是可行的、有效的，有如下几种：

（一）传授品牌知识，培养品牌人才

通过讲座、授课等活动，提升贫困地区政府部门人员、企业家、农户等的区域发展与品牌经营理念，提高他们的品牌创建与管理的知识水平，引导他们以品牌化为核心正确理解规模化、良种化、标准化、信息化、符号化等概念，加强其品牌运营的基本能力。

多年来，农业部管理干部学院、浙江大学中国农村发展研究院中国农业品牌研究中心、浙江大学农业技术推广中心、浙江大学继续教育学院等与各地合作探索品牌人才培养，启迪贫困地区的品牌创建意识，讲授农业品牌创建的经典案例，解析品牌创建的科学程序，帮助贫困地区和群众发现了新的致富路径。

（二）"授人以渔"，品牌规划先行

品牌创建，既要有战略高度，又能落地、可操作。目前，贫困地区基本还没有经验与能力完成品牌战略规划任务，因此，相关专业机构接受委托，根据当地资源情况，为贫困地区提供一个或多个产业品牌、区域公用品牌或龙头企业品牌的战略规划，能够直接有效地带动贫困地区的产业发展创新。

浙江大学中国农村发展研究院中国农业品牌研究中心曾陆续为四川蒲江县制定了现代农业产业规划、农业品牌战略规划和县域品牌战略规划，为其"以农立县，品牌强县"提供了重要的专业支持。浙江丽水市实施生态精品农业的进程中，研究中心为其规划了"丽水山耕"品牌，丽水市农业投资发展有限公司将品牌化与电商化结合运营，双轮驱动，为当地农产品的品牌溢价提供了良好的发展平台。此外，研究中心还为贵州毕节市规划了"毕节珍好"农产品区域公用品牌。

（三）品牌传播，汇聚公益力量

品牌传播是品牌建设中至关重要的步骤。一些贫困地区资源丰富、产品优质，但就是无法为消费者所了解。中央电视台农业频道从2010年年底正式启动"魅力农产品嘉年华"活动，该节目采用专家论坛、优质农产品展播、专家评点等形式，将品牌观点、品牌体验、品牌展示、品牌故事、品牌人物进行整体打包传播，并在春节期间播出。几年来，"魅力农产品嘉年华"活动逐渐成为中国农业品牌新观点、新农人、新故事的综合传播平台，为许多贫困地区、落后地区、边远地区的农产品品牌赢得了声誉。此外，《农民日报》品牌专刊、中国农业新闻网品牌频道、农业品牌研究院微信公众号等，都为中国农业品牌的传播与推介提供了公益平台。

（四）电商先行，对接大市场

贫困地区，大多是以农业为主的地区，通过品牌消贫，可以打造农业品牌、提供品牌规划，以品牌化引领区域发展。同时，贫困地区大多是边远地区或高原、山区腹地，交通不便，信息不畅，因此，在品牌消贫的过程中，需要电子商务先行。利用互联网技术的发展与应用，搭建起贫困地区农产品与互联网广域大市场的桥梁，并为贫困地区群众提供更多的就业机会。

电商消贫
Eradication of Poverty by E-business

总之，以品牌为核心，实现协同消贫，可以引导贫困地区打造品牌经济、提升区域资源价值，富裕一方百姓、提升乡民素养，挖掘农耕文化、创新农业新文明，改变乡村困境、复兴乡村魅力，进而形成城乡互动互补的新格局。

（胡晓云，浙江大学传播研究所品牌研究中心主任）

维吉达尼的故事：新疆社群电商精准扶贫实践

"维吉达尼"（vizdan）在维吾尔语中，是"良心"的意思，维吉达尼团队由援疆社工、志愿者和维吾尔族返乡大学生联合创办。自2012年3月21日诞生之日起，团队就坚持与农户共享品牌利润，在新疆，尤其是相对贫困的南疆地区，通过发起组织农民合作社，利用社会化营销和电子商务平台，将纯天然、无添加、无公害的新疆美味农产，送到心怀善意、珍视美食的人们手中，借此重塑生产者与消费者之间的信任，帮助新疆农户重拾农人职业荣耀，增进内地对新疆的了解。至2015年年底，维吉达尼农民合作社在新疆已经拥有2000家合作农户，希望在未来3—5年达到3万家。

一、维吉达尼的故事

1. 维吉达尼的缘起：援疆志愿者与维吾尔族青年的共同初心

地处南疆的喀什三面环山，一面敞开，诸山和沙漠环绕的叶尔羌河、喀什噶尔河冲积平原犹如绿色的宝石镶嵌其中，自然条件优越。当地农民仍然采用自然农法种植和储存农产品。他们生产出的干果虽然品质上乘，然而由于喀什交通不便、信息闭塞，经常出现滞销现象，农民收入非常有限。

2011年，作为援疆志愿者，笔者前往喀什参与深圳援疆残障人士培训项目。这个项目需要志愿者到基层农户家里去探访，在探访过程中，笔者发现了当地农户家的土特产因缺乏销售渠道而滞销的情况。于是，我和维吾尔族小伙麦合穆提决定帮助这些农民在互联网上销售农产品。最初的营销推广就是在我们的个人微博上进行的。除此之外，我们还开了助农淘宝店，为了解决淘宝店的销售"瓶颈"，通过微博私信求助大V账号，得到了不少名人的转发帮助，十余家农户积压的干果在当年年底售罄。

2. 维吉达尼的成长：社交媒体的使用、社群的创建、众筹等新模式的引入

由于销售成果理想，农户们希望团队继续帮忙售卖。同时，团队通过对200位微博购买客户的回访发现，90%的客户有重复购买的意愿。于是，2012年3月，我和麦合穆提、张萍出资成立了喀什市维吉达尼电子商务公司。维吉达尼的初步构想是：以网络销售为龙头，打造并建立"维吉达尼"品牌；围绕"良心"的品牌理念，组织农户成立合作社，帮助农户学习成长、互助提高，并带动他们参与合作社治理；向消费者提供高品质、"有温度"的产品，并将这种"温度"在农户与消费者之间传递。

在社交媒体的支持下，农户、客户和创业团队三者的组织、沟通与交流通过社群得以实现：农户和客户之间，通过社群形成可追溯的情感纽带；客户和创业团队之间，创业团队可以通过社群向客户传递真实的新疆，而有的客户因为新疆天然的农产品和淳朴的风土人情与创业团队结缘，甚至发展为分销商、众筹投资人。

从 2012 年 3 月 21 日创始至今，小小的维吉达尼已经是互联网上小有名气的品牌，在新疆拥有大约 2000 家合作农户，在互联网上进行重复购买的客户达到 5 万人。

2015 年，维吉达尼产品的销售平台由原来的淘宝、6688 商城拓展到天猫和京东；经营管理方面，维吉达尼从最开始的直接对接农户，发展到组建农民合作社，再到目前与喀什以外的农民专业合作社进行合作，取得了很好的效果；为了应对产品品类不断增加的现状，维吉达尼将在未来探索成立合作社联盟。在沟通媒介方面，维吉达尼将持续对微博、微信社群进行维护，并配合开展线下活动，实现线上和线下的互动推进。

表　维吉达尼的三个发展阶段

发展阶段	时间	主要目标	沟通媒介	销售媒介	经营管理策略与方法
起步阶段	2011 年	帮助农户销售滞销产品	微博	淘宝	树立品牌、故事营销，提升口碑影响力
创业阶段	2012 年	市场销售	微信、微博	淘宝、6688 商城	基于情感管理的品牌与客户维护：情感溯源、社群众筹
稳定发展阶段	2013 年至今	着眼于长远的扩展	微信、微博	淘宝、6688 商城、天猫、京东	基于社群组织与情感管理的品牌与客户维护：农户合作社管理等

二、情怀与善念的交融：始终关注人与自然

1. 生产者与维吉达尼

维吉达尼一直视自己为代言新疆生态农业的媒体，通过社会化电商[①]越过了传统销售渠道中的层层转包，将农产品背后农户的故事与情感传达给客户，这是维吉达尼认为的最好的产品溯源。包含情感的产品溯源，使客户自然而然与农产品形成信任关系。这种信任关系的形成离不开维吉达尼与生产者之间建立的一系列机制。

首先，维吉达尼借鉴了国内外先进农业产销组织的管理经验，结合新疆的实际情况探索出农民合作社的管理新模式。2012年12月28日，维吉达尼和兰干乡农户共同发起成立了疏附县兰干乡维吉达尼农民专业合作社。合作社对合作农户进行新农业技术——在传统维吾尔农业技法中加入现代生态农业的技法和理念——的培训和包括电子商务在内的现代营销方式的培训。目前合作社的成员已经覆盖到喀什周边地区。维吉达尼与农户合作开发的产品种类也已达27种，包括红枣、杏干、核桃、雪菊、葡萄干、艾特莱斯桌旗等。为了更好地对接和管理农户，在合作社的框架下，维吉达尼对品类销量较大、成员较多的社区按不同产品品类设立了采购互助组，并建立了社区联络人制度以提高沟通效率。

社工们借用了农村社会工作的方法，给每个合作农户建立了农户档案。档案除了记录农户的基本信息之外，还有农户故事、探访记录、采购记录、

[①] 社会化电商是电子商务一种新的衍生模式。它借助社交网站、SNS（Social Networking Services，社会性服务网络）、微博、社交媒介、网络媒介的传播途径，通过社交互动、口碑影响力、用户提供内容等手段对商品进行展示和分享，达到有效推广商品的目的。它是电子商务的一条有效推广渠道。

质量评估情况等信息。目前，维吉达尼的 2000 个合作农户中，已有 1700 多个拥有了完整的档案。2016 年，维吉达尼会在大力发展合作农户的前提下，将农户档案做到 3000 个。

维吉达尼未来还将在新疆更大范围内通过倡导组建合作社联盟。维吉达尼不仅会向联盟的合作社提供采购标准和相关的技术支持，与他们合作开发农产品，还会与联盟成员共同探索惠及中小农户的可持续的奖励机制，包括年度分红、为优秀合作农户颁发荣誉证书和奖金等，与农户共享品牌利润。

维吉达尼希望 3—5 年拥有 3 万家合作农户，并将这些农户进行区域划分，形成不同规模的家庭农场，维吉达尼合作社为这些农场提供服务。

2. 消费者与维吉达尼

要将新疆的好产品传播到全国乃至更远的地方，积累和沉淀大量的忠实客户，就必须对产品有严格的品质定义和筛选标准。为了找到高品质的货源，维吉达尼采购团队在全疆奔波。在选品过程中，维吉达尼为部分产品建立了书面的标准，诸如最为直观的产品大小和甜度等，也会结合采购人的个人经验来进行产品的收购。目前，维吉达尼已经与国际小母牛组织[①]进行合作，也在产品的选购过程中采用了国际小母牛组织的一些标准。

维吉达尼最早在微博、微信平台做虚拟社群的目的就是沉淀客户，社群是承载新产品信息和客户反馈的最好平台。在微博的基础上，维吉达尼和客户形成了一个温暖的微信社群，在这里，大家除了谈论维吉达尼的产品，还共同学习维吾尔语，由专门的维吾尔族志愿者担任老师。分布在天南地北、

[①] 国际小母牛组织是一家全球著名的非营利机构，自 1944 年创立以来，通过向贫困农户提供畜禽，对其进行饲养技能培训，已经帮扶全球 125 个国家的 2260 多万贫困家庭摆脱了贫困，使他们实现了自力更生、自主发展。

由新疆情缘维系着的社群成员，每周五会聚在一起聆听网友做的主题分享。这是一个生产者和消费者组成的拥有共同价值观的群体，他们之间不再是单纯的交易关系，而是有情感维系的共同体。

3. 自然与维吉达尼

通过实践与摸索，维吉达尼不仅重塑了人与人之间的信任关系，而且开始致力于实现人与自然的和谐共生。小圆枣的故事，正是从当代青年人的乡土情怀出发，应用现代科技和新兴商业模式，促成自然与人和谐相处的最好例证。

为了保护无人问津、濒临灭绝的南疆小圆枣古树林，同时帮助吾库萨克镇的农户增收，维吉达尼在2014年推出了"南疆圆枣古树林，我来养你"的淘宝众筹项目，每一位认养小圆枣的客户，都会获得一份认养证书和一定数量的小圆枣。两年时间，小圆枣古树林累计获得近2000位客户的认养，整片树林挂满了认养的牌子。2015年，该项目惠及13家农户，每家农户平均增收4584元，增长率为49.7%。更重要的是，很多认养的客户因为这一项目在互联网上了解到了农户的生活状态，与农户产生了直接的情感联结；而之前由于小圆枣滞销背井离乡到外地打工的农户也回到了家乡，认真护理小圆枣树，并且从客户的赞许中获得了职业的荣誉感。

2016年，维吉达尼南疆小圆枣古树认养项目的最低目标是认养1万棵树，让喀什贫困乡超过100户农户凭借这一项目直接脱贫。目前，深圳援疆前方指挥部和喀什市委、市政府与维吉达尼已达成了合作意向，将把这一项目作为喀什电商精准扶贫项目，进行扶持。

三、构建民族沟通融合的新通道

1. 边疆农产品的远足：更多人通过良心农产了解新疆

维吉达尼的初心出自一个善念，这就是把维吾尔农户的好东西分享给心怀善念、珍视美食的人们。维吉达尼的每一份产品，都会附上一张有农户头像和签名的明信片，鼓励消费者写信给农户。维吉达尼希望明信片可以成为一条纽带，连接起生产者和消费者。许多消费者寄回了明信片，有的甚至来自法国、日本和中国香港。很多国内的客户就是通过品尝到新疆干果，认识了真实美好的新疆。

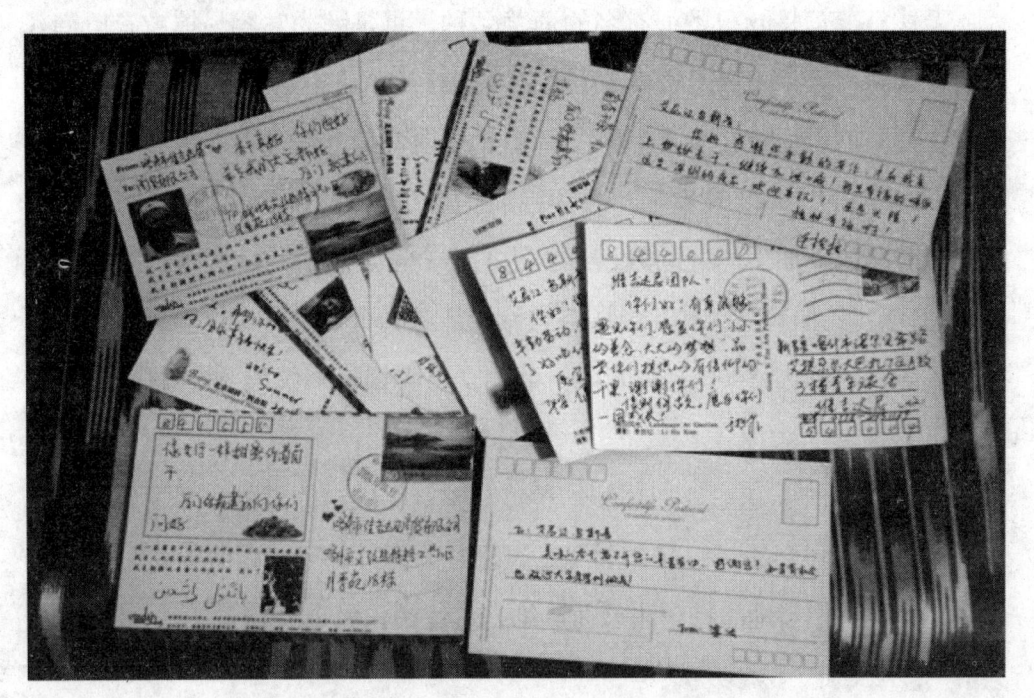

图 维吉达尼客户寄给农户表达祝福和感谢的明信片

电商消贫
Eradication of Poverty by E-business

2. 契约种植和整合供应链：让新疆的生鲜产品"走出去"

2014 年，维吉达尼销售了新疆农户数以百吨的农产品。喀什荒地乡的穆合塔尔是维吉达尼的第一位签约农户，2012 年维吉达尼帮其销售了 6000 元的核桃，而到 2014 年，这个数字已经上升到 25000 元。更重要的是，已经成为荒地乡村民互助小组组长的穆大叔越来越自信，他到处游说农户加入合作社。

2015 年，维吉达尼联合淘宝淘花源预售吐鲁番无核白葡萄，葡萄农户肉斯坦作为维吉达尼农户代表登上了淘宝首页，引来了 15000 笔订单。央视新闻频道《新闻周刊》将这一案例拍成了新疆维吾尔自治区成立 60 周年的专题片。无核白葡萄是吐鲁番很有名的葡萄品种，可是因为它容易掉粒，电商长途配送体验不佳，一直无法成为电商的主流产品。维吉达尼早在 2014 年就与葡萄农户肉斯坦协议转型自然农法种植无核白葡萄。经过肉斯坦和农户们的努力，葡萄通过了欧盟果蔬出口检测标准。契约种植提高了农户的生产能力，提升了产品的品质。与此同时，维吉达尼整合了新疆的冷链服务商和生鲜包装公司,创新的保鲜材料和冷链服务方案让无核白葡萄的客户体验大大提高，据物流测试显示，15000 笔的无核白葡萄交易中损耗率仅为 3%，刷新了行业纪录。

2016 年，维吉达尼计划用契约种植和整合供应链的方式，开发新疆偏远地区的更多生鲜产品。目前，上海援疆巴楚分指挥部已经跟维吉达尼达成合作意向，准备把当地的特色甜瓜通过维吉达尼销售到全国。

3. 边疆的民族融合：增进民族之间的理解

2014 年，"新疆"成了各种新闻事件中的焦点词，对新疆和维吾尔族的恐慌感和偏见弥漫。在这种情况下，维吉达尼通过产品销售而传播善念、增进民族相互理解的价值与意义更重要了。在维吉达尼微信社群里，许多网友表达他们对维吉达尼的喜爱与对新疆的理解："支持维吉达尼！维吉达尼用自己的行动和努力，在新疆这个多民族聚居的地区，借助新疆的产品优势和淳朴的风土人情，推进了民族大融合。"的确，维吉达尼正在用新疆的产品搭建着民族沟通、理解与融合的桥梁。

我们的初心从来没有改变过，维吉达尼希望通过商品溯源系统、话题传播系统和社群凝聚体系，连接用户和农户，让农户受益，让用户安心。

（刘敬文，新疆维吉达尼联合创始人）

第三部分
实践篇

ERADICATION OF POVERTY
BY E-BUSINESS

电子商务在社会、经济、文化各方面产生了波澜壮阔的影响，电商消贫的实践在中国农村也从星星之火发展到了今天的燎原之势，贫困地区的农民借助互联网工具，在市场的推动下，爆发出了惊人的创新力和生产力，他们迅速摆脱贫困，对接并融入现代生产和生活方式。昔日工业时代的贫困县纷纷脱颖而成了信息时代的"明星县"。

在全国各县市的电商消贫实践中，探索出了多种方式、多条道路。有的立足山区，有的扎根边疆，有的探索农旅结合，有的尝试消费引领，有的依托草根创业形成内生力量，有的发展本地服务激发出新生"物种"，可以说是"八仙过海、各显其能"。这些实践为更多贫困地区的消贫致富提供了宝贵的经验。

云南元阳：农旅结合的电商扶贫探索

【案例背景】

云南省红河哈尼族彝族自治州元阳县地处哀牢山脉南段，境内层峦叠嶂，沟壑纵横，山地连绵，无一平川。最低海拔144米，最高海拔2939.6米，海拔差异明显，具有"一山分四季，十里不同天"的立体气候特点。元阳县总面积2278平方公里，总人口45万人，其中哈尼族、彝族等少数民族占全县人口的88%，农业人口占95%，贫困人口约占36%，是非常典型的国家级贫困县。

一、农旅结合的电商扶贫缘起

2014年4月，我受教育部和上海财经大学委派，到云南省红河哈尼族彝族自治州元阳县挂职副县长。为了掌握县里的基本情况，了解老百姓的需求，我用一个多月的时间，马不停蹄地跑遍了全县14个乡镇，通过调研理清了思路。

电商消贫
Eradication of Poverty by E-business

元阳县是世界文化遗产红河哈尼梯田的核心区，哈尼梯田是哈尼族人世世代代留下的杰作。哈尼族开垦的梯田随山势地形变化，因地制宜，坡缓地大则开垦大田，坡陡地小则开垦小田，甚至沟边坎下石隙也开田，因而梯田大者有数亩，小者仅有簸箕大小，往往一坡就有成千上万亩，规模宏大，气势磅礴。所有梯田都修筑在坡度15度至75度的山坡上，层层叠叠，形如天梯，梯田最高级数达3000多级。哈尼梯田至今已有1300多年的开垦和耕作历史，明代农学家徐光启将哈尼梯田列为中国农耕史上的七大田制之一，称为"世外梯田"。

2007年，哈尼梯田被国家林业局正式批准为国家湿地公园；2010年，哈尼稻作梯田系统被联合国粮农组织正式列入全球重要农业文化遗产保护试点；2013年5月，哈尼梯田被国务院核定为第七批全国重点文物保护单位；2013年6月22日，哈尼梯田文化景观被正式列入联合国教科文组织《世界文化遗产名录》。

除上述自然环境的特点之外，元阳梯田还有"一绝"，就是梯田上生长的一种红米。梯田红米是梯田稻作系统的核心产品，外皮紫红，内心红色，米粒细小，体积仅一般杂交水稻的2/3。红米耕种仍然采用传统而古老的方式，人工耕耘除草，三犁三耙。种植期一般为180—210天，一年只产一季，亩产量不到常规稻米的一半。尤为特别的是，传统的红米品种抗病性极强，极不耐肥，这使得每一粒梯田红米都来得自然，却又来之不易。加工后的红米糯性优良，米粒较长，蒸煮后香味清新自然，营养价值丰富。与普通大米相比，红米的微量元素、氨基酸、蛋白质等营养物质的含量较高，是原生态的高品质粮食。

但是，在这样得天独厚的自然环境和农业生产优势下，元阳县的财政却相当困难，2014年的公共财政收入仅为3.2亿元，财政支出却达21亿元，缺口都靠国家财政转移支付或"跑腿化缘"。

经过对贫困地区的调研和探索,我发现,我国的扶贫工作已进入以电商扶贫为主流方式之一的信息化扶贫阶段,电子商务可以改变贫困地区的市场基因,让贫困地区对接互联网大市场,以信息化赋能的方式来提升其竞争力。同时,电子商务正加速与制造业融合,推动服务业转型升级,催生新兴业态,成为提供公共产品、公共服务的新力量,成为经济发展新的原动力。这促发了我的一个思考,电商是否可以在元阳县的扶贫工作中发挥作用?而元阳县丰富的农业和旅游资源又是否可以在其中得到开发和利用?经过几次会议讨论,元阳县政府决定抢抓"互联网+"战略机遇,因地制宜,探索具有边疆民族特色的、农旅结合的电商发展新模式。

首先,发展农旅电商,将有力地推动梯田红米产业的发展,促进传统农业的转型升级和农业质量的提升。哈尼梯田生产出的独特红米,将伴随哈尼梯田旅游让更多的人了解、认识和消费。

其次,发展农旅电商,有利于旅游产品的开发,提升哈尼梯田知名度。以"天然氧吧、湿地公园"著称的哈尼梯田,其良好的生态环境和自然景观已经得到国内外知名人士的认可和赞誉。梯田红米作为哈尼梯田的特色产品,是梯田旅游文化的重要载体。梯田红米的开发,既有利于拓展乡村旅游市场,又能提升哈尼梯田旅游的深度和广度,可以让更多游客体验自然美景,享受优质产品。

最后,发展农旅电商,有利于农民和企业增收,提升人民生活质量。梯田红米继承了传统农业优势和种植模式,在不改变种植模式的前提下提高产值,使人民看到了基于传统农业的致富之路,从而信心更足,后劲更强,致富道路更宽,生活更加富裕。

二、农旅结合的电商扶贫之路

元阳县发展农旅电商的主要思路如下：

第一，梳理资源禀赋，强化品牌打造。

县里有个共识，梯田红米电商化是电商扶贫工作的突破口，可以以点带面，挖掘县里其他高原农产品的价值，扶植农产品加工业，引进快递物流，从而形成完整的产业链条，推进县域经济发展。

围绕梯田红米、云雾茶、中药材、梯田鸭蛋、梯田鱼、牛干巴等农产品资源，元阳县开始探索适合网上销售的产品形态。仅梯田红米，就针对其市场需求开发出了 10 余种包装形态，并且进行了分级管理、原产地认证和有机认证。同时，县政府加快了各类农产品的规模化、产业化和品牌化发展，打造了"哈尼印象"、"元阳红"、"土司红米"等知名品牌，申报了"中国红米之乡"的称号，"元阳红"水磨土司红米还成为了人民大会堂指定礼品。

在旅游方面，元阳县以互联网营销为手段，塑造旅游品牌形象。哈尼梯田是以森林、村寨、梯田、水系为物质载体，以稻作技艺、民族传统为文化体现，合理利用当地地理气候条件创造的农耕文明奇观，有着 1300 多年的历史，是中国农耕文化的典型代表。元阳县的主要财政收入来源于旅游，围绕旅游这条主线，元阳县首先邀请联合国世界自然保护联盟、国家旅游局、云南省旅游发展委员会、红河州旅游发展委员会、清华大学、同济大学、阿里旅游等多家单位的专家学者进行实地调研，全方位对全县旅游文化元素进行调研整理、座谈论证，为元阳旅游产业转型升级出谋划策。

元阳县旅游部门还积极实施了美食文化品牌工程，不断挖掘乡土饮食文化，开发出哈尼蘸水鸡、哈尼豆豉、哈尼香粑、竹筒饭等特色菜，研发出以绿色生态食品为主的乡土旅游商品。此外，还邀请国内外知名餐饮企业家品尝元阳美味，并开展美食展示、烹饪技艺表演及品评等活动，推介了一批名宴、名菜和名小吃，提升了旅游饮食文化内涵。与此同时，元阳还大力引进和培育龙头企业，全力开发梯田米、梯田茶、梯田鱼、梯田水果、梯田鸡、梯田鸭蛋、梯田腊肉、梯田干巴等优质旅游产品，通过线上线下结合，进行梯田系列产品展销。

第二，精准发力，掀开"互联网+旅游"大幕。

"互联网+旅游"，是以物联网、云计算、移动互联网、下一代通信网络、高性能信息处理、智能数据挖掘等技术在旅游体验、产业发展、行政管理等方面的应用，使旅游业的物理资源和信息资源得到高度系统化的整合、深度开发和激活，并服务于公众、企业、政府等层面，面向未来的全新的旅游形态。它以通信与信息技术融合为基础，以游客互动体验为中心，以一体化的行业信息管理为保障，以激励产业创新、促进产业结构升级为特色。它主动收集并发布旅游资源、旅游经济、旅游活动、旅游者等方面的信息，让人们能够及时安排和调整工作与旅游计划，从而达到对各类旅游信息的智能感知、方便利用的效果。

元阳县的旅游发展，主要是以哈尼特色小镇建设、乡村旅游发展、旅游配套设施建设、文化旅游服务标准化建设、旅游商品开发等为抓手实现新突破。本着"保护与开发并重"的原则，做特、做精哈尼梯田旅游产业，下大力气加快旅游产业融合发展，全力将旅游业培植成国民经济的战略性支柱产业和人民群众更加满意的现代服务业。而"互联网+旅游"的理念，正是以现代化的科技手段，使旅游产业的配套与管理更具智慧，提升游客的体验与满意度，扩大旅游品牌的影响力，吸引游客与投资方的关注度。在实现经济创收的同时，还能深化产业结构调整，改善民生问题。这与元阳旅游产业的发展和规划理念是完全吻合的。

首先,元阳县进行了"互联网+旅游"的基础设施建设。

之前,哈尼梯田景区没有自己的门户平台,景区信息的发布、管理与获取,都是通过第三方的电子商务平台或者搜索引擎实现。景区信息的宣传都是通过线下的口口传播,不仅效率低下,而且旅游转化率很低。

结合景区的实际情况,我们首先建设和改造了"互联网+旅游"的基础设施,包括基础网络与管线的建设、云平台的基础环境搭建、机房环境的建设、自动检票设备的建设、视频监控系统的集成等。这是整个"互联网+旅游"平台的物理基础,所有的业务与管理都基于这一层而开展。

我们还根据各类业务的功能需要,划分了不同的业务支撑子平台,提供最基础的数据交换与分析,具体包括:提供地图数据服务的地理信息系统(GIS,geographic information system 的缩写)平台,提供实时视频监控服务的监控平台,提供各类业务信息交互与管理的信息发布平台,提供送达类信息交互与管理的多渠道消息通知平台,以及提供基础信息交互的数据交换平台。

景区还实现了对平台中海量大数据的分类管理和分析,比如旅游景点信息、商家认证信息、游客用户信息、票务信息、基于评价与口碑的诚信信息、导游信息、导购信息、导航信息、游客反馈信息等。

其次,我们进行了"互联网+游客"的服务建设。

从服务游客的角度出发,我们设计了随身导系统,主要包括导航、导游、导览和导购(简称"四导")四个基本功能。

1. 导航

将位置服务(LBS,location based services 的缩写)加入旅游信息中,让旅游者随时知道自己的位置。确定位置有许多种方法，如 GPS 导航、基站定位、WiFi 定位、频射识别（RFID，radio frequency identification 的缩写）定位、地标定位等等。

智慧旅游[①]将导航和互联网整合在一个界面上，当确定位置后，最新信息将通过互联网主动弹出，如交通拥堵状况、交通管制、交通事故、限行、停车场及车位状况等等，并可查找其他相关信息。

2. 导游

在确定了位置的同时，网页和地图上会主动显示周边的旅游信息，包括景点、酒店、餐馆、娱乐、车站、活动（地点）、朋友/旅游团友等位置和大概信息，如景点的级别、主要描述等，酒店的星级、价格范围、剩余房间数等，活动（演唱会、体育运动、电影）的地点、时间、价格范围等，餐馆的口味、人均消费水平、优惠等。

智慧旅游还支持在非导航状态下查找任意位置的周边信息，拖动地图即可在地图上看到这些信息。周边的范围大小可以随地图窗口的大小自动调节，也可以根据自己的兴趣点（如景点、某个朋友的位置）规划行走路线。

3. 导览

点击（触摸）感兴趣的对象（景点、酒店、餐馆、娱乐、车站、活动等），可以获得关于兴趣点的位置、文字、图片、视频、使用者的评价等信息，以

---

① 智慧旅游，也称智能旅游。是利用云计算、物联网等新技术，通过互联网/移动互联网，借助便携的终端上网设备，主动感知旅游资源、旅游经济、旅游活动、旅游者等方面的信息，及时发布，让人们能够及时了解这些信息，及时安排和调整工作与旅游计划，从而达到对各类旅游信息的智能感知、方便利用的效果。

电商消贫
Eradication of Poverty by E-business

便深入了解兴趣点的详细情况，决定是否需要它。导览相当于一个导游员，但又有着比导游员更多的信息来源，如文字、图片、视频和3D虚拟现实。

导览功能还将建设一个虚拟旅行模块，只要提交起点和终点的位置，即可获得最佳路线建议（也可以自己选择路线），可以推荐景点和酒店，提供沿途主要的景点、酒店、餐馆、娱乐、车站、活动等资料。如果游客认可某条线路，则可以将资料打印出来，或储存在系统里随时调用。

4. 导购

经过全面而深入的在线了解和分析，游客已经知道自己需要什么了，那么就可以直接在线预订（客房/票务）。只需在自己感兴趣的对象旁点击"预订"按钮，即可进入预订模块，预订不同档次和数量的对象。

由于是利用移动互联网，游客可以随时随地进行预订，加上安全的网上支付平台，也可以随时随地改变和制订下一步的旅游行程或者进行消费等。

最后，我们进行了"互联网+景区管理"建设。

针对不同的用户，"互联网+旅游"平台提供了个性化的人机交互界面，并对具体的业务做出定义与管理。

1. 对于政府机构，提供数字化的业务管理。比如，旅游执法业务、旅游诚信管理业务、视频监控业务、紧急事件响应与处理业务等。

2. 对于景区管理方，提供景区基础业务管理与安全管理。比如，门票管理、景区检票管理、营销信息发布与分析、智能游客疏导、智能报警指挥等。

3. 对于游客，提供O2O的数字化旅程业务。比如，景区门户网站、智能导航、多媒体信息服务、3D全景虚拟景区服务、在线消费等。

4. 对于旅游企业，提供旅游电子商务业务。比如，电子商城、电子支付、营销信息发布与管理等。

第三，创新思路，探索梯田认养众筹新模式。

哈尼梯田的保护和可持续发展，依赖于农民的长期耕种，如果农民弃耕，将无景可看，文化遗产将不可持续。因此，如何使旅游资源县变成旅游强县，是县委、县政府一直思考的问题。我会同县里有关部门，与阿里巴巴、聚土地等知名电商公司共同策划的哈尼梯田认养众筹项目受到了广泛关注。

梯田认养建立在农村土地流转的政策基础上，以现代生态农业为抓手，融合生态农业、休闲养生度假、少数民族文化体验等业态，以聚土地模式运营为枢纽、梯田认养为载体，打造城市人在农村的新型农业养生旅游社区营地。梯田认养满足了城市人群对农业养生、休闲旅游、获取原生态农产品的需求，是都市人基于生态农业的养生、旅游的社交生活新模式。

哈尼梯田认养项目具有六大创新特点：

1. 土地流转开发模式创新。梯田认养土地按照国家政策，从政府或集体手中办理土地流转确权证；消费者可以通过众筹、电商团购等方式认养；对哈尼梯田红米等高原农产品和梯田旅游产业链进行一体化开发；将属地化农民转为"产业蓝领"，承担认养梯田的日常管理，全面参与运营的各项工作，解决农民就业问题，提高农民收入。

2. 体验式旅游业态创新。通过打造完善的生态农业养生产业链，推广绿色、健康、环保的农耕文化，推出一种体验式旅游模式。城市认养者可以在闲暇时来元阳游梯田，看云海，饮山泉水，观梯田日出日落，品长街宴，尝梯田红米，吃牛肉干巴，住哈尼族蘑菇房。在梯田里，可以捉梯田鱼、摸泥鳅、逮黄鳝，享受收获的喜悦。

3. 梯田农产品营销电商化创新。线上通过阿里聚划算平台，采用众筹、认养的模式，兼顾个性化的需求，推广梯田农副产品。线下与金融银行等机构合作，为其大客户量身订制，建立互联网及微营销电商平台，突出客户体验，实现网络口碑营销。

4. 教育扶贫模式创新。梯田认养项目以及高原农产品电商收入按一定比例资助当地教育事业，为教育扶贫探索一种新模式。

5. 哈尼文化传播和继承模式创新。哈尼梯田是哈尼族、彝族等少数民族人民世世代代留下的杰作，它的历史已经超过1300年。造就一面山坡的梯田，会花去三代人的时间，工程巨大。因此，一家一户是做不成的，必须要合作。梯田还是一个巨大而复杂的灌溉系统，哈尼梯田俨然以世界最大人工湿地而被载入史册。梯田认养项目在为城市人提供体验式旅游的同时，创新性地继承和传播了当地民族文化。

6. 世界文化遗产保护和可持续发展模式创新。哈尼梯田属于自然遗产、活遗产。梯田认养项目让曾经弃耕进城的农民重新回到土地上，成为"土地蓝领"，他们让哈尼梯田永葆青春。"郡县治，天下安"，县域将成为中国经济未来发展新版图当中最基本的节点。"不离土、不离网"是县域人民新生活的生动写照。人们在家乡安居乐业，不再需要外出打工，背井离乡。他们通过互联网与大市场紧密连接，在衣食住行等方面拥有多样的选择和实在的便利，生活品质极大提升。更深远来看，由此孕育的以小城镇为中心的分布式城镇化，相比以中心城市为中心的集中式城镇化，更具可行性和可持续性。

第四，挖掘梯田文化，塑造旅游灵魂。

梯田文化是哈尼族人世代传承下来的农耕文明精髓。"申遗"给哈尼梯田带来重大机遇的同时，也给哈尼梯田的农耕文明带来消亡的隐忧。

世居元阳的哈尼族是一个与音乐歌舞为伴的民族，"哈尼古歌"是梯田文化的"活化石"，更是一张展现梯田文化的"动态名片"。在深深地被民族文化打动的同时，我主动联系知名高校和互联网企业，合作筹备了"哈尼古歌影像节"活动。活动通过媒体渠道传播"哈尼古歌"，让更多的人了解哈尼族人民的文化，也打响了元阳走向世界的文化品牌。

　　2014年11月，我组织红河州民族文化交流演出团访问上海，开展"中华韵民族魂"沪滇师生传承中华优秀传统文化交流展示活动。文化交流演出团一行35人顺利完成赴华东师范大学、上海财经大学、上海戏剧学院、上海大学的交流。35位演出者多半没到过上海，没坐过飞机，还有几个甚至没有出过县城，但他们6天4场的表演令上海观众折服，元阳哈尼文化传习馆演出的《哈尼四季生产调》等"哈尼古歌"引起强烈反响，人民网、滇西开发网等媒体对演出活动进行了广泛报道，引起中国国际贸易促进委员会等相关部门的高度重视，为哈尼文化走向世界创造了条件。"哈尼古歌"被确定为2015年意大利米兰世博会上中国馆唯一驻场演出节目。在为期半年的世博会中，"哈尼古歌"每天演出6场，梯田农产品推广也及时融入整个活动，取得了巨大的宣传效果。

　　目前，"哈尼古歌"等国家级非物质文化遗产在互联网上的传播渠道不断拓展，除元阳文化局等网站外，元阳网、元阳旅游、和美元阳、哈尼梯田随身导等都成了传播哈尼文化的重要渠道。通过这些新媒体，元阳县弘扬了梯田文化，达到了精品文化节目的收集、整理和宣传效果。同时，哈尼族的"长街宴"、"新米节"，彝族的"火把节"，傣族"泼水节"等一系列民族传统节日活动也在网上得到了宣传。除此之外，我们还深入挖掘整理贝玛、牒谱、农耕、染织、民俗、土司、饮食等非物质文化遗产，努力让有关影音文字资料上网，传承和保护了民族文化。

　　通过互联网宣传哈尼文化，游客体验哈尼文化活动的热情空前高涨，哈尼梯田旅游的内容也得到进一步丰富，形成了"观哈尼梯田、逛哈尼小镇、赏哈尼歌舞、吃哈尼长街宴、品哈尼风味、住哈尼蘑菇房、购民族饰品"的乡村民族文化体验式旅游特色。

电商消贫
Eradication of Poverty by E-business

三、农旅结合的电商扶贫成效

经过农旅结合的电商扶贫实践，元阳这样一个区位不占优势、产业不占优势的贫困县，电商从零起步，元阳粮食购销公司、元阳水卜龙云雾茶厂、元阳牛干巴厂、元阳百合食品厂等传统粮食和食品企业纷纷"触网"。据不完全统计，元阳县目前网上开店数已达120个，梯田红米销售额突破3000万元，云雾茶和普洱茶销售额达500万元，牛肉干巴和百合粉等几个农副产品的销售额也超过百万元，其他农产品如香蕉、荔枝、杧果、红米线、红糖、木耳、辣木、重楼、树花等的销售额也呈现快速增长趋势。快递公司从过去的两家增长到了8家，顺丰以及"三通一达"均已入驻元阳。

元阳的老百姓说，从过去的送电下乡、送家电下乡，到现在的送电商下乡，电商扶贫瞄准了农民的真实需求，实实在在地帮助老百姓脱贫致富。另外，通过梯田认养众筹模式流转土地2520亩，均以农业合作社的名义签订了认养协议，有了订单的保障，就可以保证农民的利益，提高其种植积极性，预计可以创造经济效益5亿元。

在旅游方面，通过"互联网+旅游"建设，目前，已经实现了以下几点基本目标：

1. 加快景区旅游基础设施建设，推动景区旅游业转型升级；
2. 建设特色精品景区，完善旅游产业体系；
3. 调整景区旅游市场发展战略，吸引更多的国内外游客；
4. 统筹景区旅游协调发展，加快旅游市场一体化；
5. 完善景区旅游服务体系，全面提高景区旅游服务水平。

另外，通过"互联网+旅游"建设，实现了更深层次的目标，搭建起旅游基础信息资源库，形成逐步推进、共同建设、利益共享的旅游行业发展长效机制；形成了一套完整的数字化宣传、保护、营销、管理、服务、决策系统；建立了统一指挥、统一调度、反应快捷、处置高效的景区管理保障体系，重点对景区景点、梯田保护、村庄保护、文物保护、森林防火、环境卫生、水源分配、污水排放、地质灾害、天气气象、社会治安等进行全方位、多角度监控；借鉴丽江成熟的经验，开展手机图示游，积极开发智慧旅游，打造智慧旅游城市、智慧旅游景区、智慧旅游村寨，实现资源保护数字化、经营管理智能化、产业整合网络化。

2015年，全县共接待国内外游客156.51万人次，其中海外游客6万多人次，实现旅游总收入19.88亿元，其中旅游外汇收入4122.56万美元。国外游客网上门票预订和客房预订率均为100%，国内游客网上预订门票和客房预订率为50%和85%。同时，县里所有商家，包括酒店、农家乐、工艺品店等，均在政府部门的监督下，定期在网上进行公示，以保证其服务质量。全县文化旅游综合竞争实力不断增强，文化旅游业已成为元阳经济社会发展的重点支柱产业之一。

四、结语

国家提出的"互联网+"行动计划，有效地突破了边疆民族贫困山区的很多局限，拉近了它们与发达地区的距离，使这些地区的原生态文化和农产品等成为了稀缺资源。过去，经济发展的诸多限制让它们错失了很多发展机会，目前的网络时代，使远隔千山万水变成了近在咫尺，互联网给远离经济中心，交通、物流等基础设施落后的贫困地区带来了新的机遇。通过社会力量的广泛参与，贫困地区开始对接互联网大市场，推动自身产业发展，实现了"自我造血"功能。

目前"互联网+扶贫"才刚刚起步，特别是在西部贫困山区、革命老区，从基础设施完善到大家观念认识的转变还有个过程。希望这条路能越走越宽，为精准扶贫、精准脱贫，为2020年我国全面实现小康做出贡献。

（井然哲，上海财经大学信息管理与工程学院副教授、阿里"活水计划"研究学者）

新疆阿克苏：电商援疆，启智先行

【案例背景】

阿克苏市地处天山南麓、塔里木盆地西北缘、塔里木河上游、阿克苏河冲积扇上，因水得名，维吾尔语意为"白水城"。古为秦汉之际西域三十六国的姑墨、温宿两国属地，是古丝绸之路上的重要驿站，素有"塞外江南"之美誉。阿克苏市是新疆维吾尔自治区阿克苏地区的政治、经济和文化中心。

据《阿克苏市 2015 年国民经济和社会发展统计公报》[1]，全市年末常住人口 50.77 万人，由维吾尔族、汉族、回族、哈萨克族等 36 个民族组成，其中，维吾尔族 27.22 万人，汉族 22.68 万人。全市农业人口 23.47 万，约占总人口的 46.23%。农业种植以林果业、棉花等经济类作物为主。

---

[1] 阿克苏市统计局：《阿克苏市 2015 年国民经济和社会发展统计公报》，2016 年 2 月 19 日，http://zz.akss.gov.cn/childsite/KA027/index.php?option=com_content&view=article&id=1631:2015&catid=72:2009-04-22-03-47-37&Itemid=91。

电商消贫
Eradication of Poverty by E-business

一、发展电子商务是阿克苏人民解困脱贫的必然选择

丰富多样的特色产品是阿克苏发展电商的资源优势。2015年，阿克苏市的林果类种植面积达80.25万亩，其中，水果种植面积62.92万亩，水果类产量42.8万吨。具体来说，红枣种植面积38.74万亩，产量11.91万吨；苹果种植面积16.58万亩，产量13.97万吨；梨种植面积6.72万亩，产量13.88万吨；坚果类（核桃）种植面积17.33万亩，产量2.42万吨。主要销往北京、上海、浙江、广东、四川、湖南等地。阿克苏的苹果、红枣、核桃、天山雪菊在网上市场的占有份额始终高居同类产品的前列，特别是阿克苏特有的冰糖心苹果更是独领风骚。不仅如此，阿克苏还汇集了丰富多样的民族特色产品，葡萄干、和田玉、民族服饰以及手工艺品等深受内地消费者的喜爱。销售本地产品是阿克苏电商的一大特色，丰富的产品资源为本地电商提供了就地取材的便利，同时，内地许多电商也将产品采购渠道深入到阿克苏市。

西部边陲的地理位置是阿克苏发展电商的客观原因。阿克苏地处南疆中部，距自治区首府乌鲁木齐约1000公里，对内地的人们而言，更是远隔万里之遥。商品在途中的周转时间格外地漫长。一般而言，陆路运输，从阿克苏快递货运到杭州需要6—7天时间，反过来，从其他省份进疆时间会更长一些。遇到大雪、大雾天气，甚至需要十天半个月。内地消费者对这片遥远的土地充满了向往与好奇，同时对这片土地生产的各种特色产品的消费预期和购买欲望极高。发展电子商务，可以实现买卖双方的网络消费对话，打通因为空间距离带来的信息阻隔，从而拉近内地消费者与新疆供货商之间的商务贸易距离，密切买卖双方关系，增强消费的黏合度。

严峻复杂的维稳形势迫使阿克苏必须发展电子商务。阿克苏地处天山南

坡、塔里木盆地与塔克拉玛干沙漠的西北边缘，西与吉尔吉斯斯坦、哈萨克斯坦接壤，是境外敌对势力渗透活动最为猖獗的地区之一，是境内"三股势力"进行分裂与暴力恐怖活动的"主战场"，也是我国特别是新疆开展反恐维稳斗争的前线阵地。维护社会的稳定与长治久安是新疆一切工作的着眼点与着力点。严峻复杂的维稳形势，对商贸、物流、信息网络的发展带来了一定程度的滞阻，严重影响了阿克苏经济社会的健康发展，也严重影响了当地群众特别是农村居民与外界的信息交流。许多农村居民的购物、销货活动主要集中在每周一次的赶巴扎（系维吾尔语，意为集市、农贸市场），"买难""卖难"问题突出，导致农民生活普遍比较贫困。发展电子商务，就可以通过互联网技术有效地消除这种阻隔，让偏远乡村的农民也能了解外面的精彩世界，接触内地的先进文化，从而改善原有的生产模式和生活方式，尽快实现脱贫致富。

杭州对口的援疆机制是阿克苏发展电商的最佳机遇。杭州作为"中国电子商务之都"，在发展电子商务领域积累了许多成功的经验与资源，无论是人才、产业、平台还是政策等方面都拥有得天独厚的优势。根据国家对口支援新疆的战略部署，杭州市对口支援阿克苏市，这为阿克苏发展电子商务带来了前所未有的机遇。2014年，杭州市援疆指挥部明确将"电子商务培育工程"作为第八批援疆重点项目之一，设立了电子商务发展专项资金，在人才培训、创业项目孵化、企业培育、平台建设、农村电商以及金融服务、物流快递、网络基础保障等方面给予大力支持，开创性地建立了多层次、可持续的农村电商援疆合作关系，形成了既具有杭州特色又结合阿克苏实际的援疆帮扶带动型电商发展模式。

通过近两年的努力，阿克苏市的电子商务取得了迅猛发展。据阿里研究院数据监测，截至2015年12月，阿克苏市已拥有活跃电商卖家超过1600个，同比增长49%；从事电商应用及服务的注册企业120家，直接从业人员已达7000余人；网络交易额突破10亿元，同比增长70%；寄出包裹23万件，同比增长147%；卖出总量（有效成交）4200万元，同比增长61%（买进总量7亿元，同比增长41%）。2015年1—9月，阿克苏市网络消费额超过5.6亿元，网络零售额超过4000万元，排在全疆96个县市区第九位；网商创业活跃度跃居南疆四地州第一位，全疆第五位。2015年，阿克苏市先后被确定为新疆首批"自治区电子商务示范基地"、"自治区电子商务进农村综合示范县（市）"。2015年7月，阿克苏市被商务部确定为"国家电子商务进农村综合示范县（市）"。阿克苏市的电子商务发展水平已跻身全疆前列。

二、电商解困脱贫的"瓶颈"与出路

发展电子商务的关键在人才，"瓶颈"在物流，支撑在网速。新疆阿克苏发展电子商务面临着诸多的现实问题与困难：人才基础薄弱，靠谁来做电商？物理空间贫乏，在哪里做电商？配送渠道单一，靠谁送货到村？网络基础脆弱，靠谁来建设网络基础设施？这些问题亟待我们去解决。

一是缺乏骨干人才带头。首先，由于长期以来的生活观念与就业理念束缚，当地果农习惯于内地客商上门收购，很少主动去寻找市场与商机。许多果农丰产不丰收，经常因为产销信息不畅而导致果品积压，特别是红枣、核桃等干果，甚至还有香梨，跨年度的产品积压比较普遍。其次，农村青年，特别是高中以上文化程度的青年，寄希望于政府安排就业岗位，大学毕业生更是热衷于选择机关事业单位的工作，缺乏创业的欲望。近年来，政府出台了许多鼓励就业的政策与措施，对"两后生"以及未就业大学生进行就业培训，收到了一定的成效。但在农村就业矛盾仍然比较突出，一定程度上也滋生了社会不稳定因素。还有，由于基层工作繁忙，许多大学生村官没有真正在村里工作，而是被借用在乡镇政府部门帮忙，失去了原有岗位的职责意义，农村脱贫致富缺乏有文化的年轻带头人。发展电子商务，人才至关重要。要把在农村生活、工作的有文化的青年人组织起来，尤其是大学生村官、农业专业合作社的青年、未就业的大学生与"两后生"，作为开展农村电商的强大后备军。

二是缺乏规范运行的物流团队。阿克苏拥有150多家物流信息与服务企业、13家快递企业的62个分支机构，但规范运行的团队却很少。大多数物流团队只是外地运输公司在阿克苏设立的代理机构，一没在当地注册登记独立核算的法人，二没有固定的监管单位，三没有规范的物流园区，缺乏行之有效的管理与服务保障，造成无序竞争。乱停车、乱开价，运输中产品被调包、遭损坏的情况时有发生。由于物流与运力信息的不对称，商家找不到运力、物流找不到货源的现象非常普遍。规范通畅的物流配送是发展电商的可靠保证。当前应该充分整合现有的农村配送资源，比如农资连锁店的送货下乡、邮政到村的配送体系等等，加以优化互补，再鼓励和引导快递到村，从而解决网货到村的配送难题。

三是缺乏高速顺畅的网络支撑。目前农村已经开通了广播电视与移动通信网络，但作为电商支撑的光纤宽带网络基础设施建设还没有完善，特别是由于反恐维稳的需要，经常实施互联网的严管，电商业务得不到基本保障。虽然近年来已经有了明显的好转，但由于网络费用贵、网速慢、故障多、维护成本高等原因，许多村并未开通互联网，甚至一些村级组织阵地前几年建成的绿色网吧也成了空摆设。网络基础设施建设落后已经严重影响了农村电商的普及与发展。30年前的农村，"想要富，先修路"，如今的农村则是既要修路，更要筑网。必须加强互联网基础设施建设，促进"三网"融合发展，

电商消贫
Eradication of Poverty by E-business

鼓励与引导中国移动、中国电信等网络运营商积极参与农村网络基础设施建设，集团式批量投放，减少设施建设成本，从而降低农村网络应用费用，为电商普及做支撑。

三、如何实施精准电商援疆

杭州市援疆指挥部针对阿克苏市电商发展中存在的突出问题与"瓶颈"，发挥杭州电商优势，实施精准援疆，从人才培训入手，孵化项目、扶持企业、培育产业生态链，搭建"一园、两基地、三中心平台"，探索四种模式的农村电商，实施五大服务行动计划，促进"互联网+"经济引导当地人民向新的生活方式、生产模式转型，取得了阶段性的成效。

创建一个电子商务产业园。为鼓励电商创新创业，推动产业集聚发展，我们在阿克苏市特色产业园划出6.8平方公里区块，创建"杭州援建阿克苏电子商务产业园"，构筑阿克苏电商发展新高地。目前园区内聚集了11家冷藏仓储企业，5家大型物流企业，娃哈哈、统一等一大批食品加工企业，以及义乌国际商贸城、恒鑫建材城、金洲汽配城等大型商贸综合体。采取"政府主导、企业主体、市场运作"的经营模式，与企业合作建成了20000平方米，集电商人才培训、创业孵化、企业集聚、综合配套服务为一体的电商产业园服务中心。园区于2015年6月17日开业运行，目前已成功引进47家电商企业和电商服务企业入驻。

打造两大电商培训孵化基地。一是创建阿里巴巴商学院培训基地。针对阿克苏市电商发展起步晚、电商知识普及程度低的现状，积极开展电商知识普及和专业人才培训。2014年4月起，杭州市援疆指挥部邀请阿里巴巴商学院与淘宝大学讲师，赴阿克苏开展普及化培训，夯实电商发展基础。2015年

1月正式设立阿里巴巴商学院阿克苏培训基地。为了兼顾新疆民族需求，组织编印了维吾尔语—汉语双语版培训教材，邀请维吾尔族电商老师授课，加强对维吾尔族青年的培训与创业指导。目前已开展培训15期1625人次，其中维吾尔族学员458名；培育指导了5个维吾尔族电商企业和创业团队。二是打造大学生电商创业孵化基地。在电商服务中心内开辟阿克苏市电商创业孵化区块，可同时容纳60人。同时与新疆大学科技学院（阿克苏校区）合作，设立大学生电商实训和创业孵化基地，为大学生开展电商创业搭建平台。阿克苏市目前拥有大学生电商创业项目30个，已孵化成功项目3个。

　　扶持三大服务中心平台。一是农村电商运营中心。采取社会化运作模式，在企业自建平台的基础上，创建阿克苏市农村电商运营中心（赶巴扎网上商城），为农村电商发展提供综合服务。2015年9月10日，"赶巴扎网上商城"正式上线。目前注册人数已达2123余人、商家72余家，日均访问量超过7000人次，累计网络销售金额62.3余万元。二是金融创新服务中心。为帮助电商企业解决资金困难，为电商创业、成长提供金融支持，杭州市援疆指挥部会同金融援疆的杭州联合银行，引进杭州支持电商的金融产品——"网优贷"业务，针对阿克苏市电商企业新、运营时间短的特点，放低贷款准入门槛，实行利率优惠。首批已为3家企业提供了超过600万元的贷款。三是网货物流配送服务中心。在电商产业园里，分别与中国邮政阿克苏分公司合作建设邮政快递配送中心，与长江物流公司开设物流转运仓储中心，与韵达快递公司合作开设网货集散中心，等等，初步形成物流配送服务中心的雏形。

　　探索四种模式建设村级电商站。把握"国家电子商务进农村综合示范县"命名和阿里巴巴"农村淘宝试点县"建设的双重契机，2015年9月，杭州市援疆指挥部与阿里巴巴集团达成电商进农村战略合作协议，参照阿里巴巴"千县万村"计划，结合阿克苏农村实际，建设村级电商服务站，推进电商向农

电商消贫
Eradication of Poverty by E-business

村纵深发展。我们认为现阶段应该整合各个渠道资源，探索四种模式的村级电商服务站。一是充分发挥村级组织阵地的龙头作用，开办村级电商服务站，让大学生村官负责经营，开放绿色网吧让村民体验、学习电商。二是利用过去建成的"万村千乡市场工程"农资供销连锁店，改造提升为电商服务站，变实体经营为线上线下双向经营，扩大产品经营范围。三是利用中国邮政系统的乡村邮政网点，建设农村电商服务站，整合中国邮政推出的"邮乐购"平台功能作用，鼓励并引导各乡村邮政所为民网购的同时，积极为当地特色农产品拓展网上销售渠道，提高为民服务质量。四是大力鼓励并引导农村有文化的青年人创办农村电商服务站，开网店做电商，为村民开展代购、代销服务，成为农村电商发展的带头人、主力军。

实施五大服务行动计划。一是实施电商人才培训的"蒲公英"计划。杭州市援疆指挥部与阿里巴巴商学院达成协议，在阿克苏创建培训基地的同时，在杭州设立阿克苏电商人才实习点。在普及培训的基础上，挑选骨干人才赴杭州开展为期1个月的"蒲公英"计划实训，已有4批60人学成归来，成了阿克苏电商企业的中坚力量。二是实施创业孵化的"沙漠绿洲培育（淘伙伴项目成长）"计划。依托阿克苏电商培育合作单位——杭州淘员外企业管理咨询公司，开展阿克苏电商创业项目孵化、培育工作。目前重点培育的创业孵化项目共计15个，3个项目已分别获得阿克苏地区创业大赛一、二等奖，其中盛世电商项目获得自治区创业大赛优秀奖。三是实施原产地品牌保护的"满天星"追溯行动计划。2015年11月，杭州市援疆指挥部引进杭州甲骨文科技（集团），与阿克苏市政府签署"互联网+农产品+溯源"监管项目协议，为阿克苏市提供深度农产品溯源系统，并负责指导项目前期运营和技术落地工作。量身打造"阿克苏互联网+农业+溯源"顶层设计解决方案，实现正宗阿克苏产品"生产可记录、安全可预警、源头可追溯、流向可跟踪、信息可存储、身份可查询、责任可认定、产品可召回"的全流程质量安全监管和移动大数据平台入口,从而更好地保障阿克苏农产品的质量安全。四是实施电商师资培训认证的"领航员发现"计划。在引进杭州内地电商讲师的基础上,着手发掘并培育一批本地化电商讲师人才,实现新疆电商培训师由"输血"向"造血"的转变,打造一支新疆本地电商培训师队伍。同时,借鉴杭州市的经验做法,会同自治区商务厅、人社厅等部门,启动新疆电商师资资格认证工作,为进一步规范全疆培训师资队伍管理、提高电商业务培训质量奠定基础。五是实施光纤到村、宽带进户的"地网工程"。在自治区与中国电信新疆分公司签订战略合作协议的基础上,与中国移动、中国电信的两家阿克苏分公司,分别达成协议,统一网络配置标准,在原有费用水平的基础上再降低22%—30%。计划在2016年将为全市7个乡镇(场)122个行政村、7个街道45个社区开通带宽10—100M的网络,为推动电子商务进农村、进社区奠定基础。

(蔡德全,杭州市援疆指挥部副指挥长,阿克苏市市委常委、副市长)

河南光山："电商＋扶贫"模式的积极探索

【案例背景】

光山县位于河南省南部，北临淮河，南依大别山，既是山区，又是库区，还是红色革命老区。光山县是国家扶贫开发工作重点县、大别山片区县。目前，全县共有贫困村106个、建档立卡贫困人口79573人，占全县农业人口总数的11.5%。近两年来，光山县委、县政府积极探索"电商＋扶贫"模式，全方位打造电商产业链，培养农民上网习惯，逐渐探索出符合本县实际的"电商＋扶贫"发展道路。至2015年年底，全县已建立各类网店5000余家，网店从业人员上万人，网销产品种类近百种，2015年网销年收入超过20亿元。电商产业链带动7300余名贫困人口就业，年人均增收5000多元。

光山县的"电商＋扶贫"实践，主要从以下六个方面展开，其经验和效果，可以为具有一定产业和劳力资源的山区县探索扶贫发展新方式提供很好的借鉴。

一、立足传统，加强引导

羽绒产业是光山县的传统产业和支柱产业。羽绒产业的兴起，源于 20 世纪八九十年代县属 4 家国有企业的衰落破产，失业下岗的技术工人纷纷到全国各地开展羽绒服装现场定制服务，由此拉动了光山县羽绒产业的兴起，被称为"光山羽绒现象"。光山的羽绒产业是因摆脱贫困而兴，经过 30 多年的发展，光山县已成为全国著名的羽绒材料集散地、羽绒服装加工基地和羽绒制品销售中心。全县每年秋冬季约有 1.2 万户外出从事羽绒服装现场定制服务，约 20 万人直接或间接从事羽绒服装及关联产业。

为充分发挥羽绒产业在扶贫脱贫中的带动作用，光山县委、县政府审时度势，决定利用"互联网+"思维，创新机制和发展模式，把羽绒电子商务作为发展县域经济的战略产业和帮助群众脱贫致富的惠民产业。光山县委、县政府把电子商务纳入"十三五"规划重点内容，制定电商发展五年行动计划，下发了《光山县支持加快电子商务发展的意见》、《光山县羽绒产业助推贫困人口脱贫计划（2016—2018）》等政策文件，为电子商务发展提供了明确的政策支持。

建立了羽绒产业发展领导组织，县委书记任政委，县长任指挥长。设立专门的电商发展办公室，由一名副县级干部具体负责，统筹协调羽绒产业及电商发展规划、招商引资、项目入驻、产业政策等工作，明确全县各有关部门的职责与任务。各乡镇、村（社区）都成立了相应的组织，专人专责，形成了全县上下一盘棋、齐抓共管、全民参与的电商发展氛围。建立了电商协会、供货联盟协会、农副产品研发协会、速递物流协会等组织，形成了完善的工作推动机制。如制定《电子商务从业公约》，确定每月 1 日召开电商发展例会、每月 28 日举办电商论坛，等等。

二、顺应趋势，推动转型

光山县委、县政府充分利用本地资源，积极搭建电子商务平台，促进相关行业从业人员由实体经营向电子商务转型发展。推广现场定制加盟店模式，积极引导羽绒产业现场定制户加盟，推动由传统一家一户分散经营向品牌连锁经营模式转变，由现场量身定制向运用计算机辅助设计（CAD, computer aided design 的缩略）、互联网技术的电商定制模式转变，由店厂一体的作坊向前方终端后方生产模式转变，实现服装定制品牌化、规模化发展。经过精心培育引导，全县近 20% 的现场定制户实现转型，成为电商业务的主力军。

建立电商培训基地和实训基地，从农村特别是贫困乡村招收返乡的务工人员、大学生等参加培训，分别设置初级班、中级班、高级班、特色班、定制班，聘请国内著名大学教授以及信阳淘大商学院教师团队长期授课，邀请全国各地电商运营专家到场宣讲，从网店开设、运营推广、视觉策划、客服技巧、产品开发等十几个方面进行培训讲解，现场答疑解惑。

对贫困人员免费提供电脑及相关网络服务，无偿提供经营用房，吸引农村贫困人员积极从事电子商务产业；对电商相关企业、大户、能人吸纳贫困人员就业的，在税费、用地、电力等方面给予优惠，县财政通过以奖代补鼓励其优先安置贫困人员就业。目前被其吸纳就业的贫困人口已达 2100 余人。

三、实行奖补，开发新品

在发展电商扶贫的过程中，光山县委、县政府始终把开发网络产品、丰富网销货源作为电商扶贫的核心来抓,专门成立了全县网销产品开发领导组,负责网销产品的开发管理工作。

设立了网销产品开发基金,每年投入财政资金100万元;建立网销产品开发奖补制度,如在羽绒服装研发上,与专业服装设计公司合作,2015年累计研发新款500余款,其中100多款无偿提供给全县贫困户用于羽绒现场定制。鼓励企业、个人和经营者进行自主研发,每开发出一款羽绒服装奖补3000—5000元,每开发一款畅销农副产品奖补10000元。同时,对扶贫对象开发的网销产品,在享受原有奖补的基础上,再予以适当奖励,极大地调动了社会、企业、个人开发网销产品的积极性。

目前,光山县委、县政府正着力研发特色农副产品"光山十宝"的网销产品,除了"砖桥月饼"一炮打响之外,粉条、糍粑已开始上线销售,并取得了不错的业绩。

四、项目带动,借势发展

光山县委、县政府非常重视电商项目的落地生根、借势借力发展。

2015年年初,光山县政府成功竞得商务部、财政部电子商务进农村综合示范县项目,成为首批56个示范市县之一,获得中央财政支持2000万元。通过项目资金的投入,解决了光山县电商发展资金短缺的问题,全县的网络基础设施建设、人才培训培养、县乡村中心站点建设、物流配送都得到了改善和加强。

2015年5月,光山县政府与苏宁易购云商成功签约。

2015年8月,县政府将阿里"农村淘宝"项目引进光山,2015年9月25日,全县首批10个乡镇的50个村级服务站同时开业,其中14个服务站设在贫困村，有8个服务站的经营者为贫困户。目前，光山县第二批60个"村淘"服务站已启动建设，涉及12个乡镇、26个贫困村。"农村淘宝"为贫困村群众的生产和生活提供了极大的便利。

2015年12月16日，阿里"旺农贷"在光山县正式上线，从此，光山县普通农户可以享受到无抵押、纯信用的互联网贷款。

2016年3月5日，光山县政府与阿里巴巴集团签订战略合作协议，双方将在消贫领域开展深度合作，重点探索建立农村电子商务新渠道、生态农特产品电子商务供应链体系以及农村电子商务公共支撑体系。

光山县还加入了"网来云商100县联盟"，开启了光山县跨境电商快速发展的新时代，将有更多的羽绒服装及其他特色产品销往全球；通过与郑州保税国际的合作，世界50多个国家的产品进入了光山市场，电子商务发展呈现出多元化、多平台推动的可喜局面。

五、典型引领，共同致富

在电子商务助力扶贫的过程中，光山县委、县政府把培养贫困人口的上网习惯作为重中之重来抓，通过报纸、电视台、门户网站、社会媒体等手段，在全县范围内进行集中、立体宣传，大力营造电商发展氛围。将电商进农村服务点办到老百姓家门口，让老百姓体验网购的便利。

砖桥镇陈寨村村民王栋从事羽绒服网络销售，年网销羽绒服在50万件以上，年销售额4000万元以上，纯收入200万元以上。王栋还言传身教带动本村近40户贫困青年参与网络销售，实现年纯收入10万元以上。北向店乡刘店村敖思峰，从2014年年初开始在网上销售家居用品，年纯收入在40万元以上，同时带动本村6位贫困青年一起创业，实现年纯收入10万元以上。

六、多措并举，实现愿景

强化培训，提升技能。2015年以来，全县已举办电商培训班42期，培训学员6000余人次，其中贫困人员1000人，指导学员开设网店4000多家，带动4000余名贫困人口脱贫致富；2016年、2017年计划各培训贫困人员600人，增设网店2000家，带动5000人实现脱贫。

开展帮扶，对口指导。县电商协会和县扶贫办进行对接，集中电商协会成员单位对贫困人口进行对口帮扶，凡是贫困人口想从事电商工作的，协会成员单位一律优先录取；凡是贫困人口想进行自主电商创业的，安排协会成员进行一对一的技术指导和货源共享，直到其有销量有收入为止。

多方合力，解决就业。由于光山县羽绒电商产业的快速发展也带动了快递、物流、服装加工、原材料加工及辅料供应等相关产业的快速发展，通过号召引导相关产业企业及电商经营户在招工用人方面积极向贫困人口倾斜，解决贫困人口的就业问题。2016年、2017年计划每年解决500人的就业问题。

（邱学明，河南省光山县常务副县长）

印尼巴厘岛：文化自信引领下的社区文化教育与互联网创新减贫

【案例背景】

巴厘岛（Bali Island），作为行政区时也被称为巴厘省，是印度尼西亚33个一级行政区之一。巴厘岛地处热带，多山地丘陵，面积约5630平方公里，约有410万居民在此生活。巴厘岛的居民大部分信奉印度教。古典巴厘舞蹈与岛上的绘画、音乐、雕刻、编织艺术一样遐迩闻名。作为一个旅游胜地，巴厘岛因国际旅游业的发展取得了一定的旅游收入，却依然面临着贫困、文化流失与教育资源匮乏等问题。一批年轻人看准了互联网时代带来的发展机遇，他们利用国际互联网企业提供的信息平台，将自己的文化、传统与理念推向世界，不仅树立了地方文化的自信，也为当地的发展创造了新的生机。

第三部分　实践篇

神明之岛

在离印度尼西亚首都雅加达约 1000 公里的岛屿上，410 万巴厘人[1]沿袭着他们特有的信仰——印度教[2]。巴厘岛的印度教与当地千年农耕文化融合，使其有别于印度的印度教。[3]

从公元 760 年巴厘南部印度教王国的建立，到 10 世纪印度教传播到中北部山区至巴厘全境，1048 年巴厘国王阿纳克·翁苏（Anak Wungsu）以印度大神化身的身份登基，均体现了巴厘岛印度教的盛行。1343 年，爪哇麻诺巴歇王朝入主巴厘，巴厘进入印度教的鼎盛时期。爪哇麻诺巴歇王朝也将巴厘人带入了文明的世界。

与此同时，印度教与巴厘本地文化逐步融合，印度教的多神体系囊括了

---

[1] 数据来源于印度尼西亚 BPS 统计局：Population Projection of Bali Province by Age Group and Sex in Bali, 2014。

[2] 印度教是世界主要宗教之一。它既是一种信仰，也是一种生活方式。广义的印度教包括吠陀宗教、婆罗门教及新婆罗门教诸历史阶段。作为世界上现存最古老的宗教之一，印度教主要分布在南亚次大陆、斯里兰卡、印度尼西亚（巴厘岛）等地区，在斐济、非洲和欧美也都有较小的印度教社团。印度教的法典有《摩奴法典》、《耶阇纳瓦尔基耶法典》及《那罗陀法典》。印度教三大神祇为梵天、湿婆和毗湿奴。

[3] 巴厘文化因素对印度教的渗透既包括宗教的教义内核，也涉及祭祀仪式等外在表象。在神灵体系上，巴厘岛原始宗教的物力论与万物有灵论遗存下来的"灵"不计其数，这增加了巴厘印度教神灵体系的复杂性，且其本土神灵和祖先魂灵在日常生活中的重要性更甚于印度诸神。在修行方式上，不同于印度本地教徒，巴厘教徒并不主张"苦其心智"式的修行，冥想、瑜伽、善行（又细分为思善、言善和行善）则较受认可。在宗教仪式上，巴厘印度教延续"祭祀万能"的理念，原印度教中的仪式和巴厘本土信仰中的仪式都得到承袭，仪式过程的繁杂化是巴厘印度教本土化的重要表征。最后，在宗教祭祀上，巴厘印度教祭品也具有浓厚的本地风格，是否使用巴厘特色祭品已经成为学界界定巴厘印度教教徒的首要标准。

195

电商消贫
Eradication of Poverty by E-business

巴厘土著信仰的祖先灵魂崇拜，主张各神无尊卑之别，共同祭祀。巴厘人将印度大神梵天、毗湿奴和湿婆，与祖先灵魂和地方神灵共祭一庙，并形成村、族和家庭的三级庙宇体系，每村村庙、族庙与家庙依例建设。同时，巴厘的习俗和宗教逐渐融合。[1]巴厘岛的农耕文化和其他很多地方一样来自于万物有灵和祖先崇拜。在巴厘人心中，神灵和其他神秘力量左右他们的生活，让他们对世间万物均怀抱敬畏，相应地形成了复杂的祭祀方式[2]和生活行为准则。信仰和习俗成为巴厘人的力量源泉，而多神论的宗教体系又成为一个开放包容的体系。只要不触及底线，当地人并不排斥外来文明技术，相反，信仰与习俗带来的文化自信，使他们具备与其他文明互动、驾驭新技术的强大力量。这就是巴厘人在互联网时代通过习得新技术，并将之与本地资源相结合，得以迅速脱贫致富的深层原因。

通过社区文化教育和互联网创新减贫

2010年，赞赞回到他出生的地方——巴厘岛北部新加拉惹（Singaraja）郊区一个叫苏达及（Sudaji）的村庄，创立了"奥妙巴厘"（Omunity Bali）。

赞赞早年和家人聚少离多，只身在巴厘岛艺术与绘画的中心乌布镇打工，是一家会议组织公司的互联网管理员。一个周末，当他又要如往常一样离开苏达及村的家回乌布上班时，他的儿子抱着他的腿说："爸爸，什么时候你

---

[1] 巴厘人对本地神灵、祖先灵魂及神秘力量极其敬畏，认为非自然力量无处不在，并无时无刻地观照人生，所以一方面用无数大大小小的、夸张多样的仪式与祭品取悦正神邪魔，一方面在生活中谨小慎微，注意自古传袭的细节规范，以免冒犯神灵。许多由宗教信仰演化而来的规范社会秩序的习俗具备了法的功能，在现代与法律并行不悖。

[2] 杨晓强：《试论印度教在印尼巴厘岛的本土化》，《东南亚研究》2011年第6期。

可以不再离开家啊？"他心里一沉，开始重新思考自己的生活。赞赞是一个对生活充满激情和创造力的人，有浓厚的乡土情结。根据印度教的传统，他只身一人到山顶上开始33天不眠不休的冥想，细细观看自己的内心。"应该将生活和工作的重点放在孩子和社区上。"这个内心的声音让他顿悟。他决定告别离乡奔波的打工生活，回到家乡，将智慧回馈给孩子、族人和社区。他的妻子、母亲和其他族人被他的决定所振奋，于是一起建立了"奥妙巴厘"灵修度假村：为来巴厘岛进行瑜伽、冥想、灵修体验的人们提供食宿和服务。

赞赞用传统的竹建工艺建筑了瑜伽厅、竹屋和游泳池，将自己的院子改造成了灵修度假村的活动中心。同时，赞赞发动100多户族人一起为灵修度假村营造良好的居住环境和文化氛围。他期望通过大家的参与，带动整个村一起保育环境、传承传统，让孩子们在安全、和谐的环境中成长。他发起的第一个活动就是奖励收集塑料袋的孩子们，希望借此改变村民滥用塑料袋的陋习。然后，他走访了每个村民的家，指导他们修建新房、改造旧屋备作民宿，这样灵修度假村可以容纳多达144人的团队长居。同时，赞赞还组织村民为游客提供灵修服务。

"奥妙巴厘"会带领游客体验当地人独特的瀑布冥想方式，传递亲近自然的感受；会带领游客感受麦田风光，为他们提供亲自下田体验传统牛犁农耕的机会；会带领游客游逛当地的传统市场，参观巴厘岛传统的祭祀仪式，体会印度教的古老而神秘。游客可以完全将自己当作本地人，体验和感受原汁原味的苏达及社区生活和文化。

赞赞和他的朋友们将社区生活和文化的信息通过"奥妙巴厘"网站、优兔（Youtube）、脸谱（Facebook）、推特（Twitter）进行推广。巴厘岛的传统文化信仰和农耕生活方式在全球化和信息化的进程中获得涅槃：以"去中心化"模式兴起的互联网，与巴厘岛的小农经济、文化信仰天然融合，赋权

电商消贫
Eradication of Poverty by E-business

于个体与家庭，使苏达及的乡村社会焕发生机，成为北部巴厘的首善之区。通过体验者自媒体的推广和分享，"奥妙巴厘"迎来了全世界的灵修者，他们带着敬畏当地传统的心，渴望在这里领悟心灵与自然的相处之道。苏达及的村民们从来就不是被当成度假村的服务员，而是巴厘文化信仰和生活方式的传递者，这份荣耀更加坚定了他们的信心，规范了他们的行为。游客和当地人在平等、尊重的氛围中，互信互助，成为了真正的朋友，而这种友谊在自媒体的传播中引起了广泛的共鸣，帮助大家在传统文化和现代生活中找到了平衡点。

赞赞期望这个事业可以坚持下去，他在"奥妙巴厘"的院子里建造了一个社区图书馆，让村里的孩子可以免费借书和读书。他相信他的儿子和村里的其他孩子能够传承这个理念——通过巴厘的传统文化和信仰去创新。

赞赞的儿子通过国际友人的奖学金资助，在巴厘岛的绿色学校上学。绿色学校也是一个充满传奇的地方。1975年，叛逆的澳大利亚青年约翰·哈迪（John Hardy）还是一名艺术系的学生。他来到巴厘岛旅行，被当地人的淳朴和热情、当地的传统文化信仰和生活方式所吸引，留了下来。1982年，约翰因艺术与来巴厘岛旅行的美国姑娘辛西娅（Cynthia）结缘，并结为夫妻。辛西娅放弃了去伯克利分校法学院读书的想法，和约翰一起开始经营珠宝加工和销售的生意。辛西娅的经营才能与约翰的艺术天赋使他们在1989年已成为巴厘岛上有名的珠宝商。然后，他们决定卖掉珠宝加工厂，将赚到的钱投资出去，而后隐退山林。直到2008年的金融危机让他们几十年积攒的财富在华尔街精英的手里付诸东流，他们开始反思自己、反思世界。最后，他们决定在这片神奇的土地上创立学校，培养新一代精英——"绿色未来"的领袖。他们将自己仅剩的几百万美元全部投入到这个梦想中。绿色学校在2008年9月成立，迎来了第一批来自全球的90名中小学生。到2015年，绿色学校的课程已经清晰地整合为四个阶段：学龄前教育（前幼儿园和幼儿园）、小学（1—5年级）、中学（6—8年级）和高中（9—12年级）的课程。

学龄前教育课程主要培养孩子的分享能力，帮助孩子认识个体的独特性、自我与他人的关系。让孩子们对同一事物分享自己的看法，大家相互学习。通过故事帮助孩子们建立抽象概念，通过体验教会他们融入自然，通过组织玩耍帮助他们认识个体的独特性、建立彼此的联系，在潜移默化中引导孩子构建自己的梦想。

小学课程提出"三个理念"的学习框架：整合、真诚和自由地学习。通过语言、数学、音乐和艺术的学习，挖掘孩子们人性的敏感。每个孩子都有自己的学习计划，学校为每个学生量身定做学习进程，让他们可以结合自身条件创造性地习得技艺，用自己的力量参与社区建设。

中学阶段更多提供自然科学和艺术方面的课程，培养学生的逻辑分析和判断能力。此外还有实践课程，在因材施教的前提下，让学生在园艺、清理垃圾、竹建造、T恤设计和营销、体育游戏等方面进行实践。这一阶段特别强调参与实践和体育锻炼对身体健康的重要性；同时，鼓励学生"成为老师"，在课堂上和大家做学习分享。在环境保护和精神培养方面，运用宗教礼仪和传统生活习俗来建立学生环境保护的整体观念，让大家学会敬畏自然，尊重动植物，继承传统文化信仰和习俗。

高中阶段的课程注重培养学生对事物，特别是对自然的多角度看法；同时，培养学生学以致用的能力，要求大家在毕业前开始自己的商业实践；在政治思辨的训练上，让学生提出诉求，并要求他们在社区实践中去摸索实现的方法。在学习过程中，老师和学生会花费大量的精力去思辨大学深造对于每个具有独立思考能力个体的利弊，反思现在的精英教育。并且，老师会支持每个学生的个人选择，协助他们制订人生计划。

电商消贫
Eradication of Poverty by E-business

约翰·哈迪、辛西娅和他们的朋友们想通过绿色学校创造与西方传统学校不同的学习经验和教育方式。绿色学校的使命是：创造一个自然的、全面的、以学生为中心的学习环境，通过为学生的创新赋权，培养绿色环保领袖。绿色学校的任务是：通过培养这些年轻的世界公民和环保领袖，扩展他们的视野；让他们在对自然万物联系的永恒经验中习得快速适应变化的能力，成为未来赢家。绿色学校宣扬朴实简单的价值观：做每个决定前需要考虑的三个原则——决定是符合本地利益的，是可以引导你所处的环境的，是会让子孙后代受益的。绿色学校培养学生遵循八个人生信条：诚信、责任、同情、可持续发展、和平、平等、社群和相信。正如这对伉俪所说："我们通过建立绿色学校来创建一个新的范例。我们希望孩子培养身心的敏感，使他们能够适应这个世界。我们希望看到孩子灵性的认知和感情的直觉，并鼓励他们敬畏生命的不同可能。"

通过全球慈善机构和个人的资助，绿色学校保证20%的学生来自巴厘当地贫困家庭，这些学生家长会通过一定时间的学校劳动来回馈学校、慈善机构和国际友人的资助。这给巴厘贫困家庭的孩子提供了一个与全世界不同文化背景的孩子一起学习和竞争的机会，也给国外家庭提供了和巴厘本地家庭接触、融合的机会。如赞赞和他的儿子参加同学家的聚会，当地家庭和外来家庭共聚一堂，平等尊重，互信互助。当地的孩子们已然成为不同文化、习俗和阶层沟通交流的桥梁。文化自信和多元文化的沟通能力在这些孩子身上自然流露，物质匮乏和贫困并没有给他们带来丝毫性格上的自卑和怯弱。

这些变化给巴厘岛营造了良好的创新氛围，当地人特别是年轻人以自信和开放的姿态迎接外来多元文化，他们也感染了更多来自世界各地的投资者、创新者。这些外来者热爱巴厘岛的田野风光和阳光海滩，敬畏巴厘人的文化信仰和风俗习惯，精神层面的新世界成为他们的创新源泉。印度教推崇的万物有灵、众神论滋养出的宁静、和谐社区氛围，使得大量外来的互联网人才和投资者如约翰·哈迪、辛西娅和他们的朋友们一样，愿意长期在此居住和办公。与此同时，由于旅游业是巴厘岛的支柱产业，与旅游相关的基础设施和互联网设施都非常成熟，这就为创业者提供了舒适、便捷的生活条件。

互联网创新园区和创新共享空间已经在乌布镇发展起来，来自世界各地的互联网相关人才在如乡间别墅的共享空间里工作、交流，每周还有各式各样的业内研究会。咖啡馆聚会和头脑风暴工作坊遍布乌布镇的角落。这种多元文化的创新氛围与硅谷有着异曲同工之处，硅谷通过科技和教育来吸引人才和资金集聚；和硅谷相比，巴厘岛较低的创业和生活成本也是其科技创业发展的另一个重要因素。

当地人有意识或无意识地融入了这场创新和产业升级浪潮中，如赞赞一样，以个性化的服务和产品实现自我价值，并带动整个社区的可持续发展。社区的精神面貌和经济状况均有改善，商业和公共服务也得到了完善。

诚然，巴厘岛的减贫工作仍然艰巨，每年超过350万的游客和超过55亿美元的收入还没有惠及每个巴厘人。2010年，390万巴厘人中有17.49万人处于贫困。随着人口的增长，到2015年4月，巴厘人中仍然有21.88万人生活在联合国的赤贫线以下，有超过10.30万乡村居民被贫困所困扰。巴厘岛在迈向共同繁荣的道路上仍需要继续努力，而新兴互联网产业、新兴服务业和教育业将比传统旅游业更能挖掘乡村文化信仰和生活方式的价值，发挥当地人文化自信的创新力。

电商消贫
Eradication of Poverty by E-business

对中国及亚洲的启示

近来，中国通过互联网技术的普及和运用，实现乡村地区特别是中西部乡村的在线城镇化，即乡镇的大量居民开始利用电子商务和手机移动商务作为进入市场的渠道，构建社交网络，线上营销产品，线下组织生产、收购、运输和社区建设等，从而实现了地方发展和人口就业。但中国的扶贫工作在生态文明和本地文化建设方面表现出明显不足，对社区力量和文化自信的培养明显不够。有些地区"钱来了，兄弟反目，妻离子散"的现象时有发生。而对于少数民族地区的扶贫工作又很少考虑和尊重少数民族人民的文化信仰和生活方式，显然并没有理解地方文化优势和文化自信在互联网扶贫工作中的重要性。一些地方缺乏本地社区凝聚力，无法对当地资源进行有效组织和合理配置，缺乏社区监管，当地资源被滥用，甚至出现"越扶越贫"的情况，当地贫困居民及其子孙后代被继续边缘化。巴厘岛减贫经验的启示是，文化自信和社区凝聚力对减贫工作至关重要，而文化自信带来的对教育的重视和对多元文化、新兴技术的开放包容，可以造福子孙后代，带动当地的可持续发展。

东南亚的赤贫率从1990年的45%下降到2014年的10.6%。南亚的贫困现象仍然普遍，赤贫率虽然已从1990年的51%下降到2014年的21.1%[①]，但仍然很高。2015年9月28日，印度总理莫迪造访硅谷，与脸谱创始人扎克伯格会面，谈到了他幼时在乡村的艰辛生活和自己母亲对子女的辛勤付出，不禁流泪。印度希望通过脸谱帮助印度乡村改善本地服务。2015年2月，脸

---

① 数据来源于世界银行"贫困与权益数据库"（Poverty and Equity Database）。

谱及其合作伙伴已经将 Internet.org（Other organizations，用于非营利性组织）引入了印度，与印度信实通信公司（Reliance Communications）合作，让1亿手机用户享受到不完整但却完全免费的网络，但印度精英阶层却反对为贫穷阶层提供互联网。如何组织和发动社会关系复杂、经济条件困难的印度乡村居民自下而上参与到这场互联网扶贫的变革中来？巴厘人通过文化自信和基层社区的有效组织来实现信息技术的运用和文化教育创新的经验就显得弥足珍贵。

（李孜，乡村营建社联合创始人、新加坡国立大学环境设计学院博士）

新农人：农村转型与电商扶贫的主力军

记得第一次用"新农人"这个话题做分享，是在2013年9月9日，我在去甘肃成县的途中被魏延安"劫持"，落脚西安，参加了他和"土豆姐姐"冯小燕主办的"西部'三农'讲坛·陕西农产品电子商务研讨会"。会上，我以"农产品电子商务与'新农人现象'"为题，分享了自己对"新农人现象"的观察与思考。9月10日，中国社科院杜志雄研究员用微博发布了"新农人调查问卷"。9月15日，我在新浪博客上，发表了《新农人与"新农人现象"》一文。当年年底，"信息社会50人论坛"[1]举办年会，再次要求我就新农人的话题与大家分享。此前，新农人的著名研究者和实践者辛巴、毕慧芳等人就曾组织过新农人的活动，此后更是分别组建了全国性的新农人组织，促进了新农人的研究与交流。新农人的兴起得到政府主管部门的关注和支持。

---

[1] "信息社会50人论坛"成立于2011年9月9日，是由中国信息经济学会、中国社会科学院信息化研究中心、国家信息中心信息化研究部、工信部电信研究院政策与经济研究所和阿里研究中心五家单位共同发起的，是由信息社会研究领域的有识之士组成的学术群体。

到 2015 年，农业部专门布置了新农人方面的研究课题，组织召开了专门的研讨会。

新农人之所以得到大家的关注和研究，本身就说明我们的社会和农村发展到了这样一个阶段，实践中出现了值得研究的"新农人现象"。一方面，农村人口年龄、文化最佳的群体中，有两亿多人离开乡村，离开土地，进城打工，不少人苦于无法融入城市社区；另一方面，近年，有一批像 F4[①]一样的"农青"又反向回流到农村，回到土地上。这个群体的人数越来越多，2013 年保守估计就达到百万量级，关键在于，他们的作用越来越大，不容忽视。这样一个新的群体，人们称之为"新农人"，因为他们是在用新的理念从事农业的生产、经营和服务。

我认为，新农人可从以下三个方面去定义：农民的新群体、农业的新业态、农村的新细胞。农民的新群体，是说新农人是农民中的一个新兴群体，他们从事涉农生产经营活动并以此为业。农业的新业态，是指他们采用了明显区别于传统的农业生产经营方式，他们重信息、重资源、重互利、重创新，是天然亲信息化、亲电商的群体，反过来，电子商务也成为越来越多的新农人的发展方式。对新的生产经营方式，他们并非偶尔为之，而是使之成为新的业态。农村的新细胞，是指他们以农村为自己生产、生活的主要场所，从而事实上成为农村社会经济"肌体"的新"细胞"。[②]

新农人正在成为或已经成为"现象"。看到这样一个新兴的农民群体规模越来越大，我们不禁要问：新农人有没有可能继新中国历史上的"屯垦戍边"、"知青下乡"后，形成农民群体因外来人口注入而结构显著变化的"第

---

① 即 Farmer 4，四位"80 后"农业领域创业者的组合。
② 汪向东：《新农人与"新农人现象"》，2013 年 9 月 15 日，http://blog.sina.com.cn/s/blog_593adc6c0101hdqb.html。

三次浪潮"？对此，我个人持积极看法。当农村留守人口成了由妇女、儿童和老人为主构成的所谓"三八六一九九部队"，当"谁来种地"成为当今中国严峻的社会问题，"新农人现象"不能不令人瞩目。

新农人与"新农人现象"，对于我国农村经济社会发展，究竟意义何在？

在2013年年底"首届中国淘宝村高峰论坛"上，受会议主办方的邀请，我在会上做总结点评，给大家分享了一个话题——"当电子商务的'基因'进入中国古老乡村的'肌体'，会发生什么"。

新农人和"新农人现象"，其实在一定意义上，回答了我国古老传统的农村社会的现代化转型靠什么和依靠谁的重大问题。今天快速涌现的"淘宝村"或者说"电商村"，是靠电子商务焕发出无限的生机，当地农村经济社会转型的效果有目共睹。传统农村的现代化转型靠谁？就像转基因要靠带有新基因的细胞复制来实现生命体的转化一样，电子商务为传统的农村注入了互联网的新"基因"——新的市场观、资源观、价值观和发展观。农村中出现的越来越多的网商，就是中国古老乡村"肌体"中带有这些新"基因"的"细胞"，他们是中国上下几千年农村人口中从来没有出现过的一支新兴力量，他们不断"裂变复制"，推动农村社会"肌体"发生不可逆转的历史变迁。[①] 这些农村网商就是新农人中最重要的生力军，后来也有人把他们称为"新农商"。

还清楚地记得2010年秋天第一次去实地调研沙集东风村的情景。阿里集团副总、老友梁春晓到我们办公室来，分享了一件事：他们发现在淘宝网上有这样一些地方出现了成规模的网商，重要的是这些网店的注册地却不在城

---

① 汪向东：《农村经济社会转型的新模式——以沙集电子商务为例》，《工程研究——跨学科视野中的工程》2013年第2期。

市。这触发了我们对沙集的实地调研，并让我第一次亲眼目睹了村子里"户户开网店、人人皆网商"的景象。看着农民兄弟一双双本来握锄头的黝黑的粗手，敲打着键盘、点击着鼠标，看着此前茶余饭后惯常议论东家长西家短的农村家庭妇女，隔着电脑屏幕与远方的买家交流，作为中国社科院一个专门研究信息化的学者，沙集带给我空前的震撼和巨大的吸引。此后，我们在沙集设立了第一个农村电商调研基地，五年多的时间里，我本人前前后后到过沙集 20 次左右。通过跟踪研究，我们撰写和发表了《"沙集模式"调研报告》《"沙集模式 2.0"——一个农村电子商务模式的跟踪研究》《"沙集模式"的特点和可复制性》等一批研究成果。"沙集模式"，已成为当今农村电商领域最具影响力的示范案例之一。

近年，农村电商成功的案例加速涌现，在遂昌，在武功，在成县，在越来越多的地方，农村电子商务快速发展，给当地农村经济社会带来历史性的巨变。以王小帮、杜千里、赵海伶、王思仪等一大批优秀网商为代表的新农人，正在其中发挥着不可或缺的作用。他们不仅以自己的电商经营活动帮助农民增收，而且以榜样的力量带动更多的乡亲们加入他们的队伍，转变为网商或电商服务商。

2014 年年底，国家召开全国扶贫工作会议，正式把电商扶贫纳入精准扶贫十大工程。"小康不小康，关键看老乡"，现存的 832 个国定贫困县和连片特困地区县、12.8 万个贫困村，成了"十三五"时期我国脱贫攻坚的主战场。电商扶贫，意味着在贫困地区、面向贫困人口开展电子商务，以农村电商助力扶贫脱贫。这就是要将电子商务的规律应用于贫困农村、作用于贫困农民，帮助他们摆脱贫困。显然，因其特殊场景、特殊对象的缘故，电商扶贫自然会比一般的农村电商面临更大的困难，这也更需要有关各方主体的通力合作，为之付出更大的努力。

电商消贫
Eradication of Poverty by E-business

有人质疑电商扶贫有没有成功的可能，认为贫困地区的资源、产业、人口素质等条件限制，是电商扶贫无法逾越的障碍，甚至断言电商扶贫最终只能是劳民伤财、得不偿失。对此观点，我们完全不能苟同。我们当然不能忽视电商扶贫的巨大难度和严峻挑战，也不应把电商扶贫当成解决所有扶贫问题包治百病的灵丹妙药，但与此同时，我们更不应忽视、轻视"互联网+"和电子商务为扶贫脱贫带来的新能力，以及近年农村电商在扶贫脱贫实践中带来的有目共睹的新成效。

甘肃陇南作为国务院扶贫办确定的全国首个电商扶贫试点，所有的县（区）非国定贫困县即片区贫困县，那里山大沟深、交通不便，资源、产业、人口等条件很具代表性。试点以来，陇南在发展战略上以扶贫统领各项工作，以电商为扶贫重点突破口，以农特产品为农村电商的产业依托，依靠政府、平台、网商、协会、新媒体五大主体，构建行政推进、网商服务、网货开发、基础设施、人才培训、考核评价六大体系。据国务院扶贫办举行的全国电商扶贫陇南试点新闻发布会披露，陇南全市至2015年5月已开办网店6000多家，农产品网上销售超过10亿元，直接带动贫困群众人均增收240多元，促进就业1.7万多人。[①] 陇南的电商扶贫在促进农业增效、农民增收上取得了初步成效，也为全国开展电商扶贫探索了新路径。

电商扶贫不仅仅发生在陇南，其实，更多来自市场的电商扶贫实践早已存在。在赣南老区，在天山脚下，在太行—吕梁，在陕北"三边"，刘鹏飞、维吉达尼、赵士权、"土豆姐姐"等一批新农人，利用电子商务，帮助贫困主体将产品卖到远端市场，甚至远销海外，让贫困群众增收，同时改变着贫

[①] 冯华、王晓晔：《甘肃陇南试点电商扶贫》，2015年5月26日，http://finance.people.com.cn/n/2015/0526/c1004-27054765.html。

困地区的面貌。近年，我走过许多贫困农村，亲眼看到在那些农村电商做得较好的地方，参与电商的人中有70岁的老人，有不认识多少字的农村妇女，也有残障人士，他们用电子商务改变自己的命运，并且有的还在改变别人的命运。前天是农民，昨天是打工仔，今天在自己的家里成为了老板，不光自己脱贫致富，而且还带动一方。从贫困群众电商脱贫的角度看，一部分人可以通过直接从事电商经营脱贫，而另一部分人可以在龙头企业和致富带头人的带领下，通过参与面向电商的产业链获得就业机会，增收脱贫。"沙集模式"、"孔明灯大王"、"北山狼"等农村电商的成功案例还昭示我们，利用电商对接远端广域大市场的赋能，还能突破贫困地区本地市场狭小的局限，突破本地资源的制约，变单一的资源驱动为资源、市场"双轮"驱动，为扶贫脱贫提供新的助力。

还必须指出，农村电商正在进入新的发展阶段，由此，电商扶贫也将获得更加强大的动力。如果说过去新农人从事电商活动，更多是靠市场自发的力量，那么，这种情况正在发生新变化。我们看到，自2015年以来，政府、平台、电商服务商三支力量在农村电商领域同时发力，采取倾斜政策，加强资源投入；原本"政府主导、自上而下"和"市场驱动、自下而上"两种虽然并存却并无太多交集的农村电商发展模式开始合流；"整县推进"的方式以及不断创新的业态，让电商在农村的覆盖速度明显加快，范围迅速扩大；农村电商开始真正瞄准电商接入、物流、人才、资金、服务体系等长期制约发展的深层"痛点"发力……这一切，令此前农村电商领域长期存在的"各自为战"、"无为而治"、"范围不广"、"痛点犹存"等格局发生明显变化。[1]

---

[1] 汪向东：《农村电商：20年、新变局——写给即将远去的2015》，2015年12月31日，http://blog.sina.com.cn/s/blog_593adc6c0102w4xy.html。

电商消贫
Eradication of Poverty by E-business

作为农村转型和电商扶贫的主力军，今后的新农人在农村从事电商活动，尤其是开展电商扶贫，将不是孤军奋战。虽然建立新型农村电商市场体系的任务不可能一蹴而就，虽然对电商扶贫特殊规律的认识和掌握还需要更多的时间和实践，需要更多新农人的参与，甚至需要为之付出必要的代价，但纵观农村电商20年的历史，我们有理由相信，农村电商的新变局必将会让农村面貌进一步改观，也会为电商扶贫带来更为积极的成果。

（汪向东，中国社会科学院信息化研究中心主任）

后记 POSTSCRIPT

2015年年底，我们举办了两场有着重要意义的峰会。一场是在祖国西北延安召开的"互联网＋革命老区电商发展峰会"，另一场是在祖国东南丽水召开的"第三届中国淘宝村高峰论坛"。

尽管两地相隔近2000公里，但是，两场峰会却有异曲同工之妙，都是讲农村电商，讲互联网给中国农村带来的商业机会：一个是革命老区希望借电商之势致富腾飞、"变道超车"，另一个是"淘宝村"在经历了星火燎原般的发展之后，对自身进行的总结、探讨和前瞻。

两场峰会都在讨论和交流电商现在和未来给农村带来的改变，而这两个主题，正是阿里巴巴正在大力推进的农村战略之"双核"战略。

发展革命老区电商，需要政府和平台合力推进"农村淘宝"，构建农村电商服务体系，培育农村电商人才，建设农村电商基础设施，包括交易、支付、物流等基

电商消贫
Eradication of Poverty by E-business

础平台；总结"淘宝村"自生长、自组织的发展经验，则是探究和把握市场规律，推进"大众创业、万众创新"，借助互联网的技术与商业创新，释放农民草根的创新力。二者构成阿里农村战略的"双核"，互动互促。

先期成长起来的"淘宝村"，是由市场需求驱动建立起来的电商服务体系，可以帮助"农村淘宝"为老区村民提供更多的服务；而依托"农村淘宝"培育和建立的电商生态和基础设施，未来在老区也有机会生长出更多的"淘宝村"。

"双核"互动，一个上行为主，一个下行为主，相互促进、互利共存，再加上阿里平台上诸多的涉农业务，如"特色中国"、"淘宝农业"、"喵鲜生"、"淘宝农资"、"满天星"、"产业带"，以及淘宝大学培训体系，共同构成了阿里巴巴"双核＋N"的农村战略体系。

刚刚过去的这一年，阿里巴巴"双核＋N"战略快速实施，取得了突飞猛进的发展：

"淘宝村"和"淘宝镇" 经过几年的帮扶和引导，全国17个省市区，已经涌现出780个"淘宝村"、71个"淘宝镇"，聚集了超过20万户的活跃卖家，网店销售额超过1亿元的"淘宝村"就超过30个。

"农村淘宝" 截至2015年12月31日，"农村淘宝"已经在全国25个省份269个县开业，其中国家级贫困县62个，省级贫困县73个，建立起了13296个村级服务站，招募了1万多名合伙人。2015年"双十一"购物狂欢节，平均每个村点完成了约3.7万元的消费，全国"农村淘宝"合伙人的月均收入已经接近3000元。

"特色中国" "特色中国"推动地域精品全面"触网"，目前已经覆盖了中国所有的省和主要的直辖市，其中包含168个"特色中国"市县馆。

后 记

"特色中国"基于地域信息，向全国消费者介绍当地特产。通过电子商务和无线网络，流通效率得到极大的提升。

"产业带" "产业带"打造线上批发市场，帮助县域传统产业转型升级。截至2015年11月30日，已与阿里巴巴签约的县级产业带39个，入驻卖家8.89万家，2015年1—11月累计完成交易额417.41亿元。

"满天星"计划 "满天星"计划旨在搭建安全农产品的溯源体系，自2015年4月启动第一家试点县以来，"满天星"农产品溯源计划签约县已经达到51家。2015年10月，"满天星"与褚橙庄园推出新品"褚柚"，首批天猫预售10000单，扫码率高达16.5%。

"农村金融" 截至2015年11月15日，通过蚂蚁金服平台进行农村贷款的企业数已达68.62万个，累计贷款金额1472.82亿元；通过蚂蚁金服平台进行理财的农村用户数已达3614.08万，累计理财收益44.97亿元。面向"农村淘宝"合伙人，鼓励更多大学生回乡创业的"村淘掌柜金"计划，自2015年6月上线以来，已累计为近7000个"农村淘宝"合伙人提供了近亿元的专项资金支持。而2015年9月上线，面向普通农户生产经营的互联网纯信用贷款产品"旺农贷"，已覆盖17个省份65个县近800个村点，仅2015年11月就放贷415万元。

"菜鸟网络" "菜鸟网络"与第三方物流合作，通过补贴等手段，打通乡村物流通道。截至2015年12月底，"菜鸟网络"跟随"农村淘宝"进驻了23个省份的225个县。拥有24个物流合作伙伴，近800辆运输车。下行日均履行9万单，上行日均履行2500单。累计发放物流补贴3500万元。

淘大县长电商研修班 淘大县长电商研修班由淘宝大学与阿里研究院倾力打造，旨在为县域电商发展培育高级人才。截至2015年12月底，

电商消贫
Eradication of Poverty by E-business

淘宝大学县长电商研修班已成功开办 40 期，覆盖全国 26 个省／自治区、193 个地级市、598 个县，共培训县级领导干部 1572 人。这些研讨和培训，让县长们对农村电商生态圈、阿里农村战略乃至企业文化都有了更深刻的理解。同时，淘宝大学还在全国培养了 96 个人才服务商，开展各种网商培训，积极响应政府倡导的"大众创业、万众创新"。

……

上述各项业务带动农村电商蓬勃发展，进而给农村，尤其是贫困地区，带来了翻天覆地的变化，再造了中国乡村的全新景象，为消除贫困开辟了一条全新路径。启智、赋能、创富、齐家，农村电商让农村生活变得越来越美好！

我们小结了一下，发现电商正在给农村带来如下种种改变：

一、带来乡村新生活、新观念

随着互联网基础设施在农村地区的迅速普及，尤其是各大互联网公司启动电商下乡战略，各种新型互联网服务纷纷落户农村，网购、网销等商品服务，缴费、理财、订票等生活服务，以及远程医疗服务等，纷至沓来，农民们开始享受到前所未有的实惠和便利。

2015 年 4 月，在贵州省江口县云舍村的深山中，三位金发碧眼的外籍大厨烹饪起意大利经典的牛排大餐。这一稀罕事吸引了全村人来围观看热闹，场景壮观。原来这是村民曾金钗为 92 岁的公公在"农村淘宝"服务站订购的生日礼物。这里，我们看到的不仅仅是老区人民网络消费的加速成长，更是互联网意识在乡村的快速融入，阿里巴巴在农村搭建起的新型服务体系，最终将对农民的消费习惯、生活方式，甚至思维方式产生潜移默化的影响。

二、搭建创业新平台、新空间

信息和教育的落后，是贫困地区致贫的最主要因素。在此状态下，贫困人群的上升通道，唯有外出求学、打工、入伍等几种方式。以互联网为基础的新经济，解决了信息不对称的问题，为贫困地区的人们提供了全新的上升通道。他们不用再东奔西走，通过互联网、电子商务就可以完成创新创业，摆脱贫困，走向富强。

山西临县农民王小帮，从1999年开始进城务工，做过所有我们能够想到的城市底层工作，用他的话说就是"活得没有尊严"。2006年王小帮回乡，2008年在村里开起了淘宝店，经营本地杂粮。经过几年经营，小帮的店铺蒸蒸日上，不仅自家的杂粮都卖了出去，连村里、乡里的杂粮都被他卖到了城里。至2013年，小帮店铺的年销量已经突破了700万元。

三、提供发展新机会、新动力

随着我国人口结构的变化，支持发展的"人口红利"在逐渐丧失，但是由于农村电商的引爆，各类有见识、懂知识的年轻人纷纷返乡，给农村这片信息洼地带来了"数字人口红利"，为当地发展提供了内生动力。同时，"互联网+"为老区赋能，以"云网端"为代表的新型基础设施的普及和安装，使革命老区的信息化能力得到提升。2015年5月，"农村淘宝"启动"合伙人模式"，招募对象瞄准的就是那些思维灵活、有较强服务和宣传意识、熟悉互联网和网购的本地人，尤其是返乡青年。通过招募、授课、实训、考核等方式，这些年轻人完成了创业就业培训，他们的自我价值在"农村淘宝"搭建的电商服务体系中得以实现。

2015年12月5日，陕北子长县的"农村淘宝"合伙人招募工作结束，共有7900多人竞逐34个合伙人名额，其中从外地专程返乡的青壮年就有近1200人。除了34名幸运者被幸运地选为合伙人之外，招募活动还给予了落选者新的机会，他们可以被招募为"淘帮手"，继续参与"农村淘宝"；也可以投身包装、营销、推广等电商服务；还可以进入县里的电商产业园，被引导成为农民网商。

四、创新治理新思路、新途径

农村电商的崛起不仅带来了乡村生活的丰富和农民收入的提高，还为乡村治理提供了全新的思路。

黑龙江明水县的乔卫齐，1989年出生，兰州大学核物理专业毕业，大学毕业之后做"北漂"，但心里一直挂念在老家寡居的母亲。当"农村淘宝"开始在明水县招募合伙人时，他毅然选择了回乡，并很快成为"农村淘宝"合伙人中的一员。通过他的工作，他发现村里人发生了转变。原来在村头八卦是非的小媳妇，开始围着他，研究他购买的新奇商品；原来喜欢打麻将喝酒的老爷们儿，开始种杂粮，帮助他筛选各色豆子；原来整日里忙于调解纠纷的村干部，开始清闲了，经常到服务点学习电脑的使用知识。最近又有两件事让他高兴：一件是他通过"农村淘宝"，采取众筹的方式把村里贫困户养的土猪预售了出去；另一件是他审核通过了一位老农申请的"旺农贷"贷款，这位老实厚道的农民再也不用四处借钱了。

五、助力村镇新建设、新发展

由于"淘宝村"的飞速发展，大量农民返乡创业，人口的回流与聚集倒逼农村生活服务条件改善、水平提升，最终推动农民就地城镇化。

小兵张嘎的故乡河北白沟镇，近年来完成了从小农经济到市场经济再到电商经济的转型，2013年成为中国首批"淘宝镇"。该镇崛起了一条从生产到网供再到网销的箱包产业链条，拥有加工企业3000家、网供店600家、网店15000家、快递公司21家。因为电商的蓬勃发展，各省人在白沟集聚，全镇16万常住人口中有11万是外来人口，人口的聚集进而倒逼当地生活服务和城市服务能力的提升。如今，白沟镇已经发展成为互联网小镇，其由"互联网＋"推动的就地城镇化模式，成为中国新型城镇化建设的典范，也为我们未来的新乡村建设提供了全新样本。

马云先生在延安"互联网＋革命老区电商发展峰会"上讲道，"袁隆平让1亩地产出1千斤，电子商务要让1亩地卖出1千美金"，这意味着，电子商务即将带来农业经济的快速腾飞和农民收入的大幅度提升。

我们希望，电子商务还将带来农民精神面貌的革新、农村自然和社会环境治理的升级。我们希望天高云淡、草木成荫、牛羊成群的景象在农村重现，希望民富业丰、乡民和睦、美丽清洁的画面成为农村常态。

一个被数据技术（DT，Data Technology）重新定义的"新农村"已经来临！

阿里研究院院长　高红冰

2016年1月28日，北京